ドラッカーに学ぶ！

管理職 養成講座

はじめに

本書は、職場・チームの成果を高め、そして自らを成長させるマネジメントの方法について書いた本です。

現代は混迷の時代です。このような時代には、自分の考えをしっかり持ち、自らを成長させることで未来を切り開くことが求められます。

「これからはますます多くの人たち、とくに知識労働者のほとんどが、自らをマネジメントしなければならなくなる。自らを最も貢献できるところに位置づけ、つねに成長していかなければならない。」

これは、最晩年のドラッカーが1999年発行の『明日を支配するもの』（p.192）第6章「自らをマネジメントする」の中で語ったことです。

人生の大半は仕事です。2人以上のチームで仕事をし、互いの専門性と強みを合わせ、社会や組織の要求に応えることが求められます。まさにマネジメントの能力が成果を左右します。

ドラッカーの言葉にある「知識労働者」とは、学校教育で学んだ知識（読み書き計算）を基に仕事をしている、読者の皆さまを含めた私たち全体を指します。私たち一人ひとりが、自らをマネジメントすること、ドラッカーがいうところの「マネジング・ワンセルフ（Managing Oneself）」を求められているのです。

ミドルマネジャーが抱える課題

筆者は、２００３年以来、日経ビジネススクールで6年間・日経ＢＰ主催で15年間合わせて22年間一貫してＣＩＯ[注1]養成講座の講師をしています。１０００名を超える受講者のほとんどが上場・中堅企業の経営層とその候補者であるため、経営層が自社のミドルマネジャー、つまり職場やチームのリーダーに対して何を望んでいるのかを、多少なりとも理解しています。

経営層がミドルマネジャーに期待する８つの能力を挙げると、次の通りです。

（1）より良い社会をつくる普遍的価値の実践力
（2）ＳＤＧｓに代表される社会的課題を解決できる専門力
（2）信頼できる仕事のパフォーマンス力
（4）専門性を陳腐化させない継続的な学び力
（5）人事部に頼らず自らのキャリアを切り開く能力
（6）一緒に働く人や組織に対する貢献力
（7）共に働く人とチームとして成果をあげる関係性の構築力
（8）経営者マインドを持ち第二の人生を切り開く能力

これらに加えて、デジタル技術やＡＩ（人工知能）を仕事で活用できるスキルや、外国人と仕事をする能力があれば、それに越したことはありません。これらは広い意味で自らをマネジメントする能力そのものなのです。

さらに上を目指す人のために筆者が加えるならば、

・世界情勢に関心を持ち自分の仕事の方向性を考える能力
・世界史・日本史を学び自らの民族的な長所と短所を理解する能力
・よりよい社会経済をつくるために新たな課題を提案する能力が、今の時代には求められています。

自らを成長させる心得

本書のタイトルにもある「管理職」とは、役割・職能を指す言葉です。その呼び方は組織の業種・規模やおかれている立場によって変わりますが、その意味するところは「マネジメントを実践できる者」であり、人を管理する管理者を表す言葉ではありません。実際、マネジメント能力が無い管理者よりも、マネジメント能力がある技術者のほうがはるかに頼りになります。重要なのは、必要な管理職能を持っているか否かであり、直属の部下がいるかどうかは関係ありません。

このような管理職の心得にふさわしいドラッカーの言葉を見つけました。

「成長は、常に自己啓発によって行われる。企業が人の成長を請け負うなどということは法螺《ほら》にすぎない。成長は一人ひとりの人間のものであり、その能力と努力に関わるものである。いかなる企業といえども、自己啓発に関わる努力の肩代わりをすることはできない。」（『マネジメント』［中］p.66）

筆者の経験からしても、成長に向けて自らをマネジメントできない者が職場やチームを率い、組織とともにより良く成長することはできないのです。

マネジメントをどこで学ぶか

読者の中には、マネジメントは自分で学べる、あるいは大学院で学べるものだと思っている人もたくさんいるでしょう。素晴らしい上司（マネジャー）に育てられた経験がある人は幸運です。自分を成長させてくれた元上司から受けた正しいマネジメントを学び、実践してきたからです。ところが、そのようなマネジメントでさえ、ある場面でしか成果を出さないのです。バブル崩壊後、低迷する日本の社会経済の中で、組織が抱える新しい経営環境の変化やＡＩ・デジタル化の流れの中では、成功する保証はどこにもありません。世界の先進国でさえ、うまく行っていないように見えます。

ドラッカーもマネジメントは先進社会の決定的な機関になったとしたうえで、「さらには、あらゆる国において、社会と経済の健全さはマネジメントの健全さによって左右されるというものである。そもそも国として、発展途上国なる国は存在せず、存在するのはマネジメントが発展途上段階にある国だけであるということに私が気づいたのは、ずいぶん前のことだった。」（『マネジメント［エッセンシャル版］-基本と原則』日本の読者へ、2001.11）と語っています。バブル崩壊以降、低迷を続ける我が国の社会経済を見ると、形だけの先進国であり、実はマネジメント発展途上国である日本の姿が透けて見えるのは筆者だけでしょうか。

正しい問いからマネジメントを学ぶ

そうなると、このような時代においても自らを成長させるとともに、より良い組織づくり、より良い社会づくりに貢献できるような正しいマネジメントをどこで学ぶことができるのか、という疑問を解決しなければなりません。この疑問に正面から取り組んだ一人が、ピーター・ドラッカーです。詳しくは、第1章に譲ることにして、ここでは彼の次の言葉を紹介します。「実に、この間違った問題への正しい答えほど始末におえないものはない。」（『マネジメント』［中］pp.118-119）と述べていますが、「この間違った問題」とは、我が国が行った1941年の対米開戦を指して述べているのです。間違った問題や課題を設定し、一生懸命に答えを出して正しいと思われる答えを出せたとしても、やはり不幸に至る間違った答えなのです。従って、私たちはマネジメントを学ぶ場合、「正しい問い」から学ぶ必要があるのです。

新しい日本のマネジメントを創る管理職のためのMSC

本書を執筆するにあたり、ベースとした書籍は3冊あります。1954年発行『現代の経営』、1973年発行『マネジメント』、1999年発行『明日を支配するもの』です。これらの本は、今からさかのぼること約70年、50年、25年前にドラッカーが書いたマネジメントの本ですが、内容は、「たくさんの問い（質問）」からできています。その問いは、自らが成長し、より良い組織をつくり、より良い社会をつくるために必要な問いです。私たちが自分事として自らに問い、自らの組織により良い成果を出させ、よりよい社会づくりに貢献するために実践していくべき問いです。

筆者は、ドラッカーを20年研究していますが、彼の説いたマネジメントの有効性を日々確認させられています。その成果の一つが、本書で解説するマネジメント・スコアカード（以下、ＭＳＣ）なのです。

本書の対象読者である職場やチームのリーダーは、上司を持ち部下や後輩を持つ中間管理職です。職場やチームの成果に責任を持つこと、部下を育成すること、上司を支え部署や組織の成果に貢献することが求められます。ドラッカーが説いたマネジメントとそのフレームワークであり、ツールでもあるＭＳＣを学び実践することで、このような要請に応えられるものと信じています。自らを成長させ続けることで、次のステップとなる「第二の人生」の準備もできるのです。

本書の構成

本書の構成は、次のとおりです。

第1章は、ドラッカーが説いたＭＳＣの概要を紹介します。

第2章は、読者が管理職（ミドルマネジャー）として自らをマネジメントし、自らを成長させるのに役立つ「8つの問い」を、マネジャーとして直面しそうな具体的な事例（ケース）とともに紹介します。

第3章と第4章は、職場やチームを成長させる「30の問い」を紹介します。

まず第3章では、MSCの上半分に相当する「基本計画」を、事業の定義と5つの重要な質問（問0～5）を基に作成する方法を解説します。2つのケースを基に、基本計画の立て方と、基本計画の使い方を解説します。

第4章は、MSCの下半分に相当する「実行計画」を、24個の問い（問6～29）を基に作成する方法を解説します。第3章と同じく、2つのケースを基に、実行計画の立て方と、実行計画の使い方を解説します。

新しい日本のマネジメントを創るために

失われた30年といわれる日本経済ですが、日本流のマネジメントの限界が露呈した、との見方もできます。

本書にサブタイトルを付けるとすると、「**新しい日本のマネジメントを創るために**」となります。混迷の時代、マネジメント能力がないために機能しない組織、業界、社会も変革期を迎えています。ドラッカーは、機能しないことを病《やまい》と捉え、その治療医としてのコンサルタントと社会人教育を生涯続けました。病を治療するための処方箋が、体系化されたマネジメントであり、それがMSCなのです。自らをマネジメントすることの第一歩は、MSCにある「問い」に答えることです。先にあげた、経営層がミドルマネジャーに期待する8つの能力は、これらの問いに答え、かつ実践することで、徐々に鍛えられます。本書を読み、MSCの問いに答え、少しずつ実践することで、職場やチームの成果を高めるとともに、自らの成長を実感していただけるものと信じています。

本書は、世界で初めて、ドラッカーが断片的に語っていたMSCを体系的に解説した本でもあります。また『現代の経営』から70年、『マネジメント』から50年、『明日を支配するもの』から25年という歴史の流れに沿った一冊です

ドラッカーがマネジメントに込めた真意をどれだけお伝えできるか分かりませんが、可能な限り分かりやすさに主眼を置き、1冊の書籍にいたしました。お読みいただくだけでなく、フレームワークとして、また道具として使っていただければ幸いです。

マネジメントに課題を感じている人に。

2024年12月23日　森岡　謙仁

注1　CIO養成講座（最高情報責任者養成講座）…2003年に立ち上げた当時は、米国のCIO養成プログラムの調査から始めて、講座内容、テキストおよび教授法の開発を行ったうえで自ら講師を担当して、22年たちました。この間、卒業生は1000名を超え、ゲスト講師（大半が本講座の卒業生）も延べ180名を超えました。本講座は現在も継続しており、2024年12月時点で36期を開催しています。

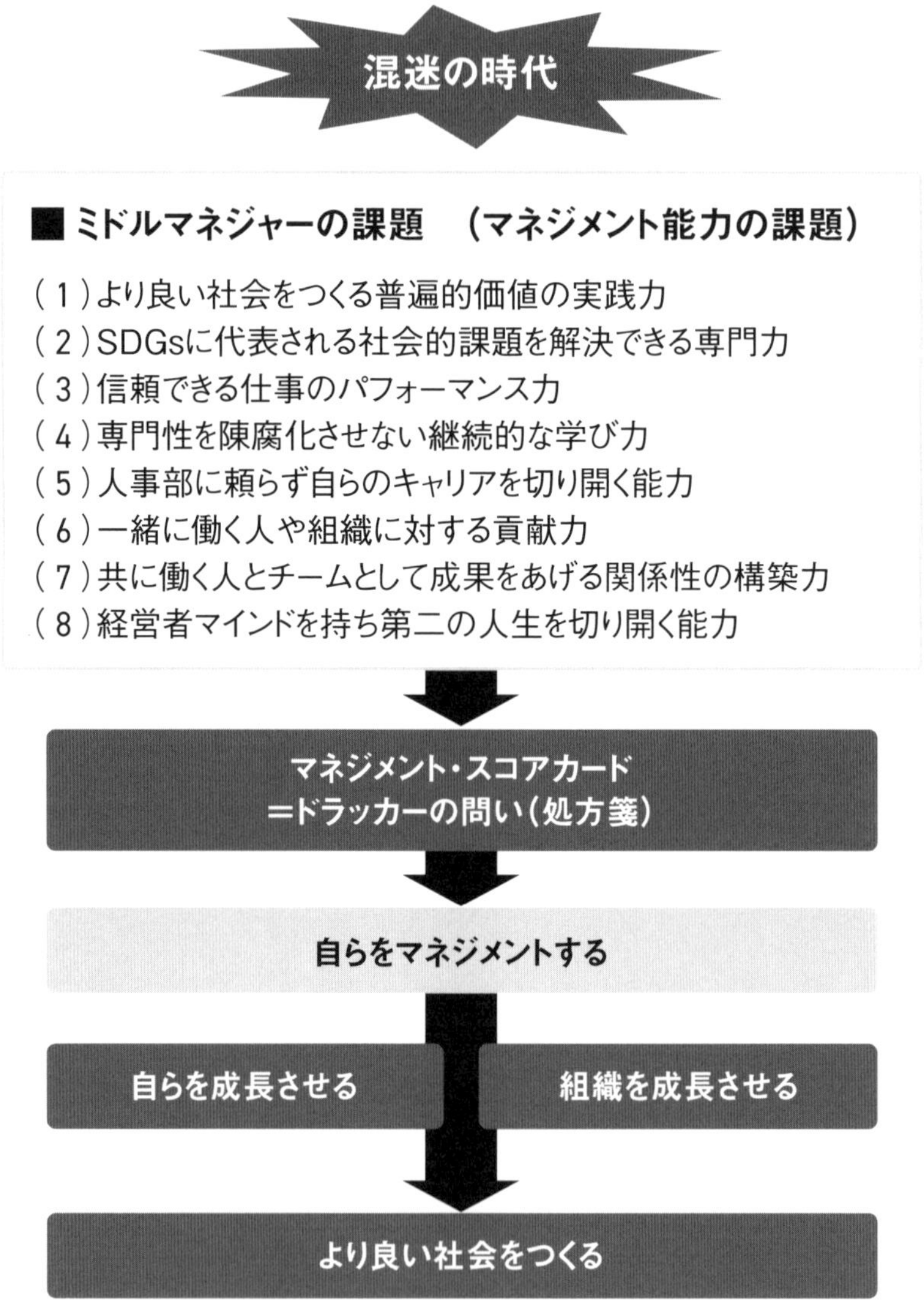

図 0-1　自らをマネジメントする

目次

第3章　職場やチームが成果をあげる「正しい問い」

第4章
職場やチームの目標を明らかにする「正しい問い」

第1章

ドラッカーが説いたマネジメントの神髄

第１章のねらい

経営学者ピーター・ドラッカーの大きな功績の一つは、１９５４年発行の『現代の経営』と１９７３年発行の『マネジメント』という2つの大著により、マネジメント、つまり組織・チームが成果をあげるための手法を体系化したことです。コンサルタントとして数多くの企業と非営利組織（大学・病院・政府機関・その他社会機関）に助言・指導し、大学院で社会人教育を手がける中で、マネジメントの体系化に成功しました。本章で紹介するマネジメント・スコアカード（ＭＳＣ）は、『現代の経営』の第Ⅰ部「事業をマネジメントする」の中で記述した内容が原点であり、ドラッカーが自らの思想を基に考案し、実際に活用していたコンサルティングツールです。

ドラッカーは、マネジメントの体系化に成功した後もマネジメントへの関心と研究は続きました。時を経て、１９９９年に発行した『明日を支配するもの』、２００２年に発行した『ネクスト・ソサエティ』の中にも、ＭＳＣの進化・深化を見ることができます。２００５年に95歳で亡くなるまで、時代のニーズに合わせて、ＭＳＣを深化させ、発展させ続けたのです。

第1節 マネジメントとは何か

ドラッカーが生涯を尽くして深化・発展させたマネジメントの目的は、大著『マネジメント』の「まえがき：専制に代わるもの」に書かれています。ドラッカーがマネジメントの体系化を通じて目指していたのは、「組織・チームで成果をあげること」だけではありません。専制的・権威主義的な社会ではない、1942年発行の『産業人の未来』の中で説いた「自由で機能する社会」「より良い社会」（以下、本書では「より良い社会」と記述します）を実現するために、「働き方・生き方の基本と原則」を体系的に述べようとしたのです。本書は主に中間管理職（ミドルマネジャー）の悩み事の解決に焦点を定めていますが、ドラッカーが語るマネジメントは職位を問わず、経営者、幹部、中間管理職、そして一般社員にとっても有用なものです。

ドラッカーがマネジメントを体系化した目的は、誤解を恐れずに言えば「魔物の再発防止」です。「魔物」とは、1939年発行の『経済人の終わり』の中で彼が戦争と恐慌を指して使った言葉です。

ドラッカーは少年時代に第1次世界大戦を、青年時代に第2次世界大戦を経験しました。経済が不況に陥り、専制権威主義国家が戦争をしかけた時代を経験しています。「魔物」を二度とよみがえらせないという信念が、マネジメントを体系化した動機なのです。

マネジメントを支える3つの普遍的価値観

「より良い社会」を実現するための基本と原則、最も重要なものとして、ドラッカーは価値観をあげています。一般的に価値観とは、意思決定の基準のことです。何を食べようか、いつ休暇をとろうか、誰と会おうか、など意思決定や判断基準といってもよいものです。「お金のため」「自分のため」「何かに貢献するため」「世界の恵まれない人々に貢献するため」というのも価値観といえるでしょう。

しかし、ドラッカーが説いたマネジメントにおける価値観は、こうした一般的なものとは少し次元が違うものです。それは次の3つの普遍的価値観から成ります。これらは、『マネジメント』をはじめドラッカーの著書に繰り返し登場するところから、この3つをまとめて普遍的価値観と筆者が定義しました。

（1）完全性（integrity）・・・「欠けているものが無い理想の状態」を意味します。機械的な意味が強い「完璧（perfection）」とは違い、倫理観など人間性が加味されています。ドラッカーは「マネジャーの決定」の完全性（integrity of managers determines）が、マネジメントの成否を決めるとしています（『MANAGEMENT; TASKS,RESPONSIBILITIES,PRACTICES』Preface, Peter F.Drucker,Harper）。

（２）共通善（common good）・・・ドラッカーは、「組織特に企業のマネジメント以外に、共通の善のために果たすべき責任を負える者はいない。もはや政治は主権者となりえず、共通の善の守り手ともなりえない」（『マネジメント』［上］p.367）としています。例えば、人権は代表的な共通善の一つです。国連総会で採択された「誰一人取り残さない」というＳＤＧｓも、人類が共通に求めている善といえます。

（３）倫理（ethics）・・・古代ギリシャの医学者ヒポクラテスが弟子たちに説いたとされる「知りながら害をなすな」という言葉を、ドラッカーはマネジメントの倫理、責任の倫理として尊重しています（『マネジメント』［上］第28章プロフェッショナルの倫理、p.437）。

ドラッカーが考える理想の人間像とは、「完全でありたいと努力する」などの普遍的価値観に基づく生き方をする「真摯さ（integrity of character）」を持ち、貧しい人々の人生の質の向上に貢献する「利他の心」（『マネジメント』［上］p.357）を実践し、自らに「何によって憶えられたいか」（『非営利組織の経営』p.219）を問い続け、社会に貢献する、「貢献人」であることです。「貢献人」という言葉自体は、ドラッカーが『明日を支配するもの』第６章「自らをマネジメントする（Managing Oneself）」p.215で述べている「とくに知識労働者たるものは、自らの貢献は何でなければならないか（What should MY contribution be?）を自ら考えることができなければならない」から解釈して筆者が創った言葉です。営利・非営利を問わず、あらゆる組織やチームの目的は、突き詰めれば社会への貢献にあります。組織・チームを率いるマネジャーがこれらの信条を持つことを、ドラッカーは魔物の再来を防ぎ「より良い社会」を実現するうえで、重要なポイントと考えていたのです。

マネジメントが目指す5つの役割

続いて、マネジメントが目指す役割について、ドラッカーの主張を基に筆者が考案した「パーム（掌）モデル」（Palm Model）を使って説明しましょう。

●マネジメントの前提：掌（てのひら）・・・掌は、5本の指を支えかつ統合します。ドラッカーはマネジメントの3つの役割（次に紹介する第1〜第3の役割）を提唱したうえで、マネジメントの前提を「自らの組織をして社会に貢献させる」こととしました。筆者はこの前提こそがマネジメントにおける重要な要《かなめ》であると考え、ドラッカーが3つの役割とは別に論じていた2つの要素（役割）を筆者が第4、第5の役割として独自に追加したうえで、この前提を5つの役割を支える第0の要素を「マネジメント0（ゼロ）」と呼び、5本の指を支える掌に例えました。マネジメント0には、前述した普遍的価値観・信条が含まれます。

●マネジメントの第1の役割（親指）・・・自らの組織が、その目的とミッションを果たすようにすることです。企業はそれぞれの事業目的を達成するため、学校や病院もそれぞれの社会課題を解決するために、一定の成果をあげることが期待されています。その期待に応えるように組織を運営することが、マネジメントの最も基本的な役割です。

●マネジメントの第２の役割（人さし指）・・・組織の仕事を生産的なものとし、働く個々のメンバーに成果をあげさせることです。自らの組織の目的とミッションを果たせるかどうかは、その組織で働く人それぞれの働きぶりや成果に左右されます。そして個々のメンバーが優れた成果を生むには、仕事自体が合理性・経済性に優れているなど、生産的な仕事であることが前提です。組織のマネジメントを担う管理職は、底がないバケツで水汲みをさせる仕事をメンバーにさせてはいけないのです。

●マネジメントの第３の役割（中指）・・・自らが社会に与える影響に対する責任を果たすことです。例えば、自社製の商品やサービスが環境汚染をしていると判明した場合、マネジメントを担う管理職はそれを最小にするか無くす努力をする必要があります。先進国の企業が、一次加工工場を自国から途上国に移して建設する場合、環境汚染を輸出するようなことがあってはなりません。社会に与える影響を考慮しない事業は、持続的なビジネスにはつながりません。

●マネジメントの第４の役割（薬指）・・・過去・現在・未来の時間を考慮することです。新しいことを始めるとき、そのことと関係する過去の未解決の課題をそのままにしていては、いずれその課題に足元をすくわれます。未来に禍根を残すような意思決定を、今してはならないのです。社会的な不祥事は、未来を考慮しない間違った意思決定と経営活動に起因する場合がほとんどです。これは事業の規模や、組織が営利か非営利かには関係ありません。

●マネジメントの第5の役割（小指）・・・管理的活動と起業家的活動をバランスさせることです。

自動車にアクセルとブレーキがついているように、マネジメントにも対応する２つの役割があります。一つは、新商品・サービス開発などイノベーションを起こして事業を前進させようとする起業家的な活動。もう一つは、事業の予算と実績の分析やコスト削減などの管理的（administration）な活動です。この二者を択一的にとらえず、バランスを考え互いに補完させるマネジメントが重要になります。

マネジメントの成果は外にある

一般にマネジメントの成果は、組織の内部に生じると思いがちです。しかし、ドラッカーの考えは異なります。１９６４年発行の『創造する経営者』p.5で「成果と資源は企業（business）の内部にはない。いずれも外部にある。」と述べました。さらに内部にあるのは、プロフィットセンターではなく、技術、販売、生産、経理などのコストセンターだけであるとしています。マネジメントの成果を決めるのは顧客であり、「事業は内向きではなく、常に顧客を見ていなさい」とドラッカーは言っているのです。成果を内部に求め始めると視野が狭くなり、独善的な事業を行う傾向が強くなりがちです。事業の目的は顧客の創造である、という考え方に通じるものです。

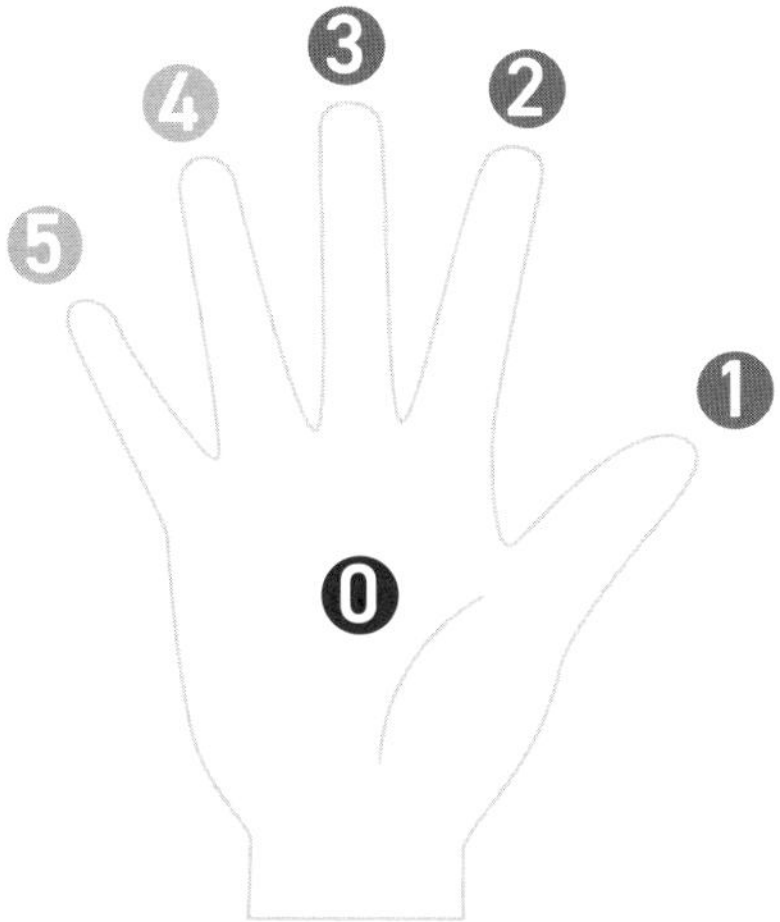

組織の目的:より良い社会、自由で機能する社会を創る

マネジメントの前提

⓿ 自らの組織をして社会に貢献させる(マネジメントゼロ)

ドラッカーが示したマネジメントの3つの役割

❶ 自らの組織に特有の目的とミッションを果たす
❷ 仕事を生産的なものとし、働く人たちに成果をあげさせる
❸ 自らが社会に与える影響に対する責任を果たす

筆者が加えた2つの役割(要素)

❹ 過去・現在・未来の時間を考慮する
❺ 管理的活動と起業家的活動をバランスさせる

パームモデル:❶～❺の役割を⓿(マネジメントゼロ)が支える

マネジメントゼロが含むもの:
●普遍的価値観(完全性・共通善・倫理)　●信条(真摯さ、利他の心、貢献人)

図 1-1　マネジメントとは何か(パームモデル)

第2節 MSC（マネジメント・スコアカード）とは何か

本章で紹介するマネジメント・スコアカード（以下ＭＳＣ）は、本書の読者である管理職（マネジャー）が個人として自ら成長し、組織・チームを成長させ、成果をあげるうえで有用なツールです。まず、この言葉が世に出た経緯から説明しましょう。

MSCの誕生と発見

ドラッカーは『現代の経営』の発行以降、コンサルタントとしてクライアント企業に助言・指導する中で、ＭＳＣを活用していました。[注1] ただし、ドラッカー自身がＭＳＣについて公言したのは２０００年になってからです。同年秋、（故）藤島秀記先生が米国クレアモントにあるドラッカーのご自宅で同氏にインタビューしました。藤島氏はインタビュー録画の編集中に、ドラッカーが語った次のコメントの中からＭＳＣという言葉を発見したのです。「アメリカの株主利益至上主義はすでにピークを過ぎました。まだ終わってはいませんが、急速に衰えています。アメリカで最も成功している新しいマネジメント・ツールは何かというと、1954年に私が開発した『マネジメント・スコアカード』なのです。開発した当時は誰も使わなかったのですが、今ではそれが大ブームになっています。これは企業の成功を数字に照らしてチェックするもので、私のオリジナル・バージョンには7つのチェック項目がありました。収益性はその一つに過ぎません。[注2]」

この言葉の中にある「大ブームになっている」というのは、今も経営管理のツールとして知られているBSC（バランスト・スコアカード[注3]）のことです。筆者はMSCを知る前はBSCの一人の研究者でしたが、BSCに物足りなさを感じていました。その後、MSCの研究に取り組み始めた筆者がドラッカーのインタビュー動画を視聴したとき、MSCへの関心と研究心を改めて強くしたのを覚えています。[注4]1954年発行の『現代の経営』の中には、MSCという言葉こそ出てこないものの、ドラッカーがインタビューで語っていたMSCとおぼしき内容が確認できますので、同書がMSCの起源と見て間違いありません。

ドラッカーは、MSCの誕生から約20年後に大著『マネジメント』（1973年発行）でマネジメントを体系化した後も、『イノベーションと企業家精神』（1985年発行）、『非営利組織の経営』（1990年発行）、『明日を支配するもの』（1999年発行）を中心に、ドラッカーは自らMSCを進化・深化させました。

注1　「これらの主要な事業領域の戦略目標をバランスさせ不断に挑戦していくこと、これを私はコンサルタントとしての活動の中で『マネジメント・スコアカード』と呼ぶようになった。」また、そのインタビューの目的について、「21世紀に向けて日本企業と産業に横たわる問題とその解決への糸口を教示いただくのが目的であった。」と藤島氏は述べています。（「『マネジメント・スコアカード』体系化の試み」藤島秀記著、『文明とマネジメント』（Vol.2）p.38）を参照のこと。

注2　このインタビューは、その後、『P・F・ドラッカーと考える21世紀の経営』（ピーター・F・ドラッカー／口述、藤島秀記／訳・編集、2001年発行、ダイヤモンド社国際経営研究所）に掲載されました（同書p.14）。またMSCの存在については、（故）上田惇生先生も認めています（『ドラッカー入門　新版-未来を見通す力を手にするために』p.252（上田惇生／井坂康志共著、ダイヤモンド社、2014年発行）。

注3　バランスト・スコアカードは、1992年にロバート・キャプランとデビッド・ノートンが発表した、経営活動のフレームワークです。「財務」「顧客」「内部プロセス」「学習と成長」の4つの視点に目標を設定し、そのバランスを取ることによって経営成果（例えば、株価総額の増大）を創出する狙いがあります。時代背景からも、ドラッカーのMSCの影響を受けて誕生したものだと筆者は考えています。

注4　筆者のMSCの本格的な研究は2007年に始まります。ドラッカー翻訳の第一人者、故上田惇生先生に、「MSCを研究したい」と相談したとき、先生から強く勧められ、その後、藤島先生との共同研究も始まりました。2015年より2019年まで明治大学リバティアカデミーを中心に、その後コロナ禍で中断したためオンラインにて2021～2023年に「ドラッカーの小さな学校」としてMSCに関する講座を開設したのです。筆者はその間、独自にMSCの研究を続け、MSCのフレームワーク化に成功しました。『文明とマネジメント』（ドラッカー学会年報）Vol.14.15.16.17.18.19.20に研究成果を掲載しました。

組織・チームの基本計画

組織・チームを率いるマネジャーとして、MSCの考え方に沿って組織・チームの生き方・働き方の基本計画をつくるには、以下に挙げる「5つの重要な質問」と「8つの重要領域目標」を理解しておくのが効果的です。本書では、これらをMSCの基本書式と呼びます。

ドラッカーは「正解が得られるのは、正しい問いによってである。（『マネジメント』［上］p.69）といいます。これらの問いの正解を得ることで、正しい具体的な活動が明確になるのです。

事業の定義と5つの重要な質問

問0 事業の定義

前述したマネジメントゼロ、つまり「完全性・共通善・倫理」といった普遍的な価値と、「真摯さ」「利他の心」「貢献人」といった信条を前提にして、自組織の本業は何かについて、5年から10年の中長期的なゴールは何かを明らかにします。利益至上主義を前提にしていては、事業は長続きしないことを意識する必要があります。「顧客によって事業は定義される」（『マネジメント』［上］p.99）と、ドラッカーはいいます。

問1 目的・ミッションは何か

事業の定義を受け1年から3年の短期的な視点で明らかにします。

問2 顧客は誰か

商品・サービスに対価を支払う主体を定義します。主顧客（商品・サービスの需要家・消費者・ユーザー）と支援顧客（調達事業者・流通事業者・ビジネスパートナー）がいます。

問3 顧客にとっての価値は何か

顧客にとっての価値（便益）を定義します。主顧客・支援顧客ごとに、提供する商品・サービスに求める価値は異なります。その全てを満たすよう努力することが大切です。

問4 我々の成果は何か

成果として、商品・サービスの設計仕様（重量、性能、色、味、価格など）や、その成果を顧客がどのように受け止めているかを測る測定指標（売上や顧客満足度）を明確にします。

問5 我々の活動計画は何か

中長期を見据えた「事業の定義」と、短期的な目標である「目的・ミッション」を実現するための、経営または部門単位の重要成功要因（CSF）を明らかにしつつ、活動計画を互いの優先順位やバランスを考慮して明確にします。

8つの重要領域目標・実行計画

こうして基本計画を作成した後に、その計画の成果（目標値）を測定するKGI（重要目標達成指標）を、次の8つの重要領域について設定します。基本計画にある「**5・我々の活動計画は何か**」をベースに、8領域の具体的な目標に落とし込み、実行計画をつくります。

この8領域とその順番については、ドラッカーが『マネジメント』［上］p.130で提示している8領域とは、次の点において少し違います。第1に、並び順です。『マネジメント』では1番目を「マーケティング」としていますが、筆者は、「企業の目的は顧客の創造である」というドラッカーの言葉に基づき、顧客創造を1番目にもってきました。第2に、元々7番目の領域である「社会的責任」を、「顧客創造」と同じ第1の領域にしました。この根拠は、ドラッカーが1968年『断絶の時代』の「おわりに」の中で、「社会とは人間の実存の表層であり、外皮である」と述べ、企業が社会的責任を果たすことの重要性を強調している点です。第3に、経営資源については人、物、金の順にしました。これらを踏まえて、2番目をマーケティングとし、以降は順次後ろにずれる順番にしました。

1．社会性と顧客創造の領域の目標・・・顧客を創造することは、言い換えれば新たな社会を創造することでもあります。ドラッカーのいう「顧客創造」には2つの意味があります。一つは、潜在需要を有効需要に変える経済的な意味です。もう一つは顧客のＱＯＬ（Quality of Life：生活の質）の改善で、これは非営利組織も営利組織も同じです。このことを踏まえれば、顧客創造の目標と社会性の目標は一緒に考えるとよいでしょう。具体的には、顧客創造については、顧客数、顧客満足度や顧客ＱＯＬ。社会性については、自然環境保護など社会への貢献や事業自体の自然環境へのプラス・マイナスの影響などについて目標を設定します。

2．マーケティング領域の目標・・・集中すべき市場と市場地位、既存市場における既存製品と新製品、既存製品の廃棄、新市場、流通チャネル、アフターサービス、信用供与（顧客からの支払い）などについて、数値を含む目標を設定します。

3．イノベーション領域の目標・・・製品とサービス、市場開発、新製品開発プロセス、基幹業務、流通チャネル、クレーム処理、人事施策において改革のためのイノベーションの目標を設定します。

4．人的資源領域の目標・・・マネジメントの確保、スペシャリストの確保、マネジャーと一般社員の働きぶり、社員満足度、社員のスキルと姿勢、人事施策、労働組合との関係などの目標を設定します。

5.物的資源領域の目標・・・人的資源以外の土地、建物、機械・装置など有形固定資産の目標に加え、のれん、特許権、著作権、商標権、ソフトウェアなど無形固定資産、情報資源の目標を設定します。ドラッカーは、自然資源（product of nature）の利用の目標についても言及しています。

6.資金領域の目標・・・資金、キャッシュフロー、資金調達（融資・株式・社債）の目標を設定します。また、ドラッカーは、資金について「financial resources」（財務資源）と表現しています。

7.生産性領域の目標・・・経営資源の活用の程度を測定する指標として、労働生産性（時間当たりの生産額や利益）、人件費当たりの付加価値などの目標を設定します。

8.利益領域の目標・・・ドラッカーは「利益とは企業存続の条件である。（中略）未来費用、事業を続けるための費用である」（『マネジメント』［上］p.148）と述べていますので、これを踏まえて必要な利益の目標を設定します。ここで留意すべきことは、ドラッカーは「利益（profit）」至上主義ではなく、「収益性（profitability）」を強調している点です。業務や商品サービスの収益性や生産性を高めた結果として、利益が得られるというマネジメントを大切にしているのです。

次ページの図にあるように、5つの重要な質問と8つの重要領域目標を合わせたものがMSCの基本書式です。事業のオーナーであるとの意識を管理職に自覚してもらう意味から「My-MSC」とも呼びます。

MSC基本書式（My－MSC）

所有者／個人・チーム・組織：

<table>
<tr><td rowspan="14">基本計画</td><td>価値観（普遍的）</td><td>完全性・共通善・倫理</td></tr>
<tr><td>信条・人間像</td><td>真摯さ・利他の心、貢献人</td></tr>
<tr><td>事業の定義</td><td>本業は何か、中長期的な目的・ミッション</td></tr>
<tr><td colspan="2"></td></tr>
<tr><td>5つの重要な質問</td><td>答　え</td></tr>
<tr><td>1. 目的・ミッションは何か</td><td>短期的な目的・ミッション</td></tr>
<tr><td rowspan="2">2. 顧客は誰か</td><td>主顧客</td></tr>
<tr><td>支援顧客</td></tr>
<tr><td rowspan="2">3. 顧客にとっての価値は何か</td><td>主顧客にとっての価値は何か</td></tr>
<tr><td>支援顧客にとっての価値は何か</td></tr>
<tr><td rowspan="2">4. 我々の成果は何か</td><td>成　　果：商品・サービスの設計仕様は</td></tr>
<tr><td>成果指標：売上、顧客数、顧客満足度など</td></tr>
<tr><td rowspan="2">5. 活動計画は何か</td><td>優先順位の高い活動計画は何か</td></tr>
<tr><td>（次の8つの重要領域目標にさらに具体的にする）</td></tr>
</table>

<table>
<tr><td rowspan="16">実行計画</td><td>8つの重要領域目標</td><td>活動内容</td><td>目標値</td><td>担当者</td><td>日程</td></tr>
<tr><td rowspan="2">1. 社会性・顧客創造</td><td>より良い社会創りへの貢献、マイナス影響</td><td></td><td></td><td></td></tr>
<tr><td>顧客数、顧客のＱＯＬの改善　　など</td><td></td><td></td><td></td></tr>
<tr><td rowspan="2">2. マーケティング</td><td>集中すべき市場、地位</td><td></td><td></td><td></td></tr>
<tr><td>商品・サービスの目標　　など</td><td></td><td></td><td></td></tr>
<tr><td rowspan="2">3. イノベーション</td><td>新商品・新サービス開発</td><td></td><td></td><td></td></tr>
<tr><td>業務改革（DX含む）　　など</td><td></td><td></td><td></td></tr>
<tr><td rowspan="2">4. 人的資源</td><td>人材育成、人事施策</td><td></td><td></td><td></td></tr>
<tr><td>マネジャーと社員の働きぶり　　など</td><td></td><td></td><td></td></tr>
<tr><td rowspan="2">5. 物的資源</td><td>固定資産、無形資産</td><td></td><td></td><td></td></tr>
<tr><td>知的財産、情報資源　　など</td><td></td><td></td><td></td></tr>
<tr><td rowspan="2">6. 資金（資本）</td><td>資本金、自己資本、他人資本</td><td></td><td></td><td></td></tr>
<tr><td>資金調達、キャッシュフロー　　など</td><td></td><td></td><td></td></tr>
<tr><td rowspan="2">7. 生産性</td><td>財務経営資源（人的・物的・資金）</td><td></td><td></td><td></td></tr>
<tr><td>非財務経営資源（価値観、…）　　など</td><td></td><td></td><td></td></tr>
<tr><td>8. 条件としての利益</td><td>利益</td><td></td><td></td><td></td></tr>
</table>

図1-2　MSCの基本書式（My-MSC）

出所：『現代の経営』『マネジメント』などを参考に筆者が作成した

第3節 自らをマネジメントする（Managing Oneself）

マネジング・ワンセルフは、「より公的な自分をつくる」ことです。第2節で解説したMSCは、経営者や管理者がマネジメントの役割を実践するときに役立つフレームワークでありツールです。MSCは「担い手」を選びません。しかし、会社が課した利益目標の達成にばかり汲々《きゅうきゅう》としている管理職は、MSCを使いこなすことはできません。組織やチームの成長を志向しより良い社会を創るという、ドラッカーが唱える普遍的価値観に基づくマネジメントの長期的な目標を真摯に受け止め、その実現に貢献しようとの志を持つ人（真摯な貢献人）にこそ役に立つものです。マネジメントの担い手になる方法が、マネジング・ワンセルフです。

より公的な意志を持って仕事をする

ドラッカーが説いたマネジング・ワンセルフは、『明日を支配するもの』（1999年発行）と『マネジメント』で体系化されたマネジメントの基本と原則を踏まえて理解する必要があります。

例えば、同書の第34章「自己目標管理」にある、3人の石工の話もその一つです。ある石切り場で働いている3人の石工は何をしているかを問われて、第1の石工は「暮らしを立てている」、第2の石工は「石切りの最高の仕事をしている」、第3の石工は「教会を建てている」と答えました。今風に言えば、それぞれ第1の石工は「生活のために金を稼いでいる」、第2の石工は「技術を磨いている」、第3の石工は「社会のために働いている」となります。

ここでマネジメントの人間は第3の石工であり、問題は第2の石工だと、ドラッカーはいうのです。その理由として、熟練した専門技術は不可欠であるとしたうえで、「だがスペシャリストは、単に石を磨き脚柱を集めているにすぎなくとも重大なことをしていると錯覚しがちである。専門能力の重要性は強調しなければならない。しかし、それは全体のニーズとの関連においてでなければならない。」（『マネジメント』［中］p.70）と述べています。私たちの組織にも、多様な石工が働いています。第3の石工のように全体を見て公的な意志を持って働き、チームをリードすることが大切です。自己の便益以上に、より公的な心構えを持ち仕事をすることが大切なのです。

良い組織を目指す

有名企業の働きが顧客や社会ニーズに反して組織が機能不全となり、社会的な不祥事が発覚し経営に支障をきたす例が後を絶ちません。一方で、時代を超えて持続する組織の一つにオーケストラがあります。オーストリアのウィーンで生まれ少年時代を過ごしたドラッカーは、古典的な音楽が日常にあった社会に育まれました。この環境で育まれた感性は、彼が体系化したマネジメントの基本と原則の中にも表れています。

例えば、『マネジメント』［中］p.24の中で、マネジメントの仕事は、「第一に、部分の総和よりも大きな全体、すなわち投入した資源の総和よりも大きなものを生みだすことである。それは、自らのビジョン、働き、リーダーシップによって、多くの楽器をまとめあげるオーケストラの指揮者に似ている。だが指揮者が手にしているのは、作曲家の手になる楽譜である。これに対し組織のマネジメントは、指揮者であると同時に作曲家である。」と述べています。スペシャリストや多様な働き方が増える今日、オーケストラを参考に、良い組織を支えている仕組みは何かを考えてみることも大切です。

良い組織を支えている仕組み

まず、第1に楽譜があることです。楽曲全体の楽譜のことを総譜（トータルスコア）といいます。数十人のオーケストラであれば、バイオリン、クラリネット、フルートなどの演奏者はパートというチームになります。各楽器演奏者は、総譜の中で役割に応じたパート譜（パートスコア）をもとに、指揮者の指揮に合わせて演奏します。パートリーダーは総譜に調和したパートスコアを指揮者と相談して書き、本番演奏で最高のチーム演奏を披露するために、各演奏者を惹きつけ、やる気を出さ

<**マネジング・ワンセルフ**（Managing Oneself）の意味>

●より公的な自分をつくる ●自らを成長させ、より良い組織・社会をつくる

MSC（マネジメント・スコアカード）の定義：

- ドラッカー流マネジメントのスコアカード（得点表）
- マネジメントの知識体系（システム、フレームワーク、オーケストラにおけるスコア：楽譜）
- マネジメントの設計・活用・評価・健康診断ツール

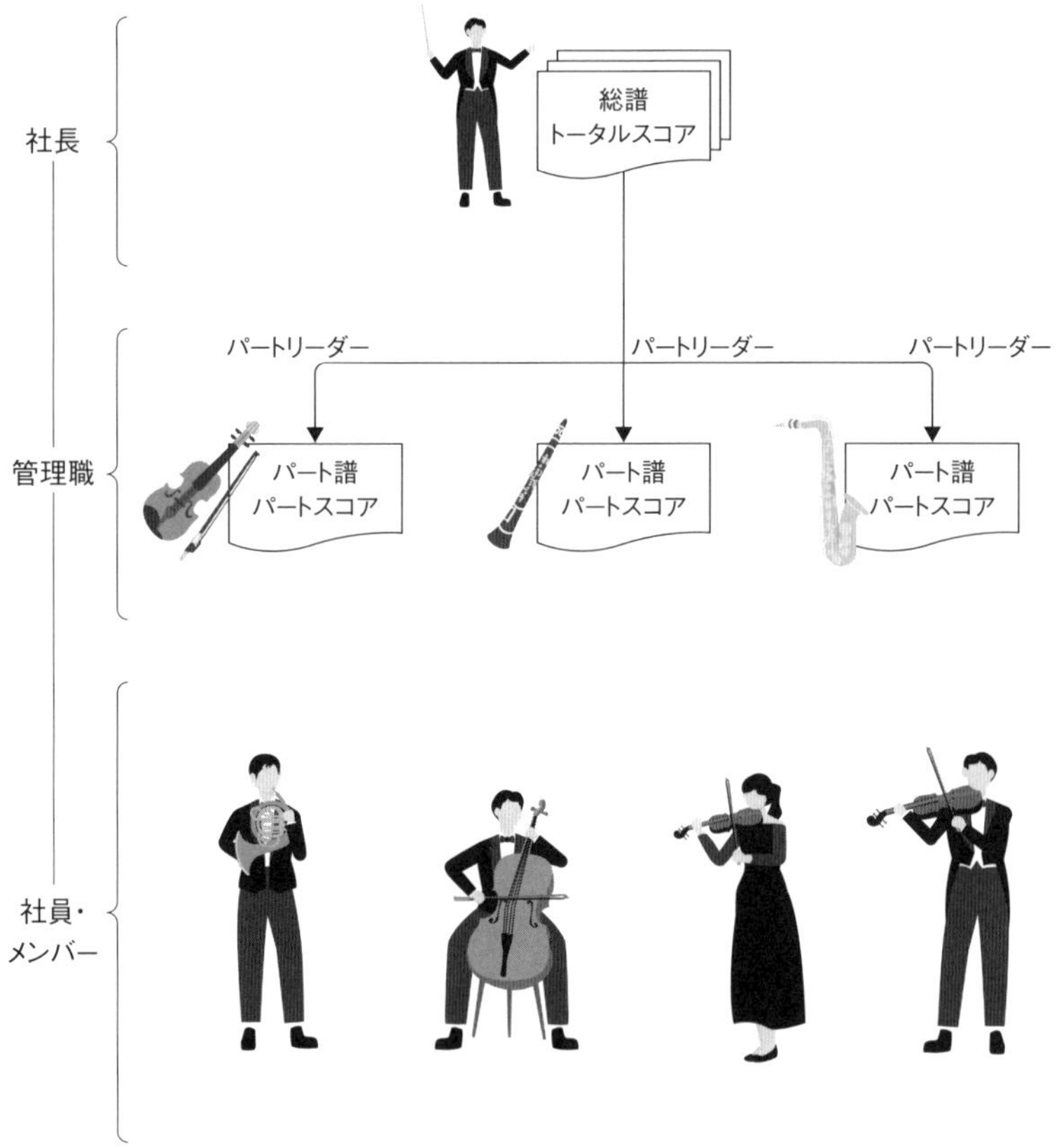

図 1-3　自らをマネジメントする（Managing Oneself）

せ、強みを結集し、楽曲を奏でることで、聴衆に感動を与えることができるのです。管理職はパートリーダーです。ドラッカーが言うように管理職は、自ら作曲して指揮を執り、多くの場合、自らも演奏しなければなりません。このようにたどっていくことで、ドラッカーが自らのコンサルティングツールをマネジメントの「スコアカード」と呼んだもう一つの理由には、音楽の楽譜という意味があることに筆者は気づいたのです。

健康・健全な組織をつくる

オーケストラも含めて組織・事業の良しあしは、聴衆や社会の評価と成果の持続性とを見なければ分かりません。ドラッカーは、「企業の健康はマネジメントの責任である」(『マネジメント』[上]p.392)としたうえで、「組織構造は目的達成のための手段である。それ自体が目的ではない。構造の健全さは、組織の健康(health)の前提である。しかし、それがそのまま組織の健康を意味するわけではない。事業の健康を判定する基準は、組織構造の美しさ、明晰(めいせき)さ、完全さではない。人のあげる成果(performance)である。」(『マネジメント』[中]p.317)とし、人が成果をあげている事業・組織が健康・健全であり、それはマネジメントの責任であるとしています。

筆者は、ドラッカーが自らのコンサルティングツールを、マネジメント・スコアカード(MSC)と名づけた理由は、3つあると思います。1つには、体系化されたマネジメントの知識体系・実践ツールであると同時に点数表であること、2つめは音楽の楽譜であること、3つめは健康診断ツールであることを示したかったためだと考えています。マネジング・ワンセルフは、自らをより公的なマネジメントの実践者として成長させ、より良い組織（健康・健全）をつくることで、より良い社会づくりに貢献するというストーリー性を有しています。このストーリーは、一人ひとりが描く旅程に似ています。そのときに持っているべき地図とコンパスに相当するのが、ＭＳＣなのです。

チームは有機的な存在

ドラッカーは、組織は社会の機関であるとしたうえで、マネジメントは「組織の生存と成果を左右する組織の機関である。」（『マネジメント』［上］p.5）とまで述べています。機関とは原著では、「organ」（器官）です。私たちの身体にある心臓のような臓器・器官をいうのです。私たちは、チームの一員として仕事をする時、他のチームメンバーとは、信頼、尊重、共感、協力、モチベーションなどからくる一体感や絆を感じることがあります。とすれば、人体とマネジメント（ＭＳＣ）・組織は似たような構造だとしても不思議ではありません。マネジメントに当たる部分は、身体を動かす精神（思惟、価値観、心など）を指すのではないかと思います。健康な心身を持った社員が働く健康な組織は、良い組織の条件といえるのではないでしょうか。

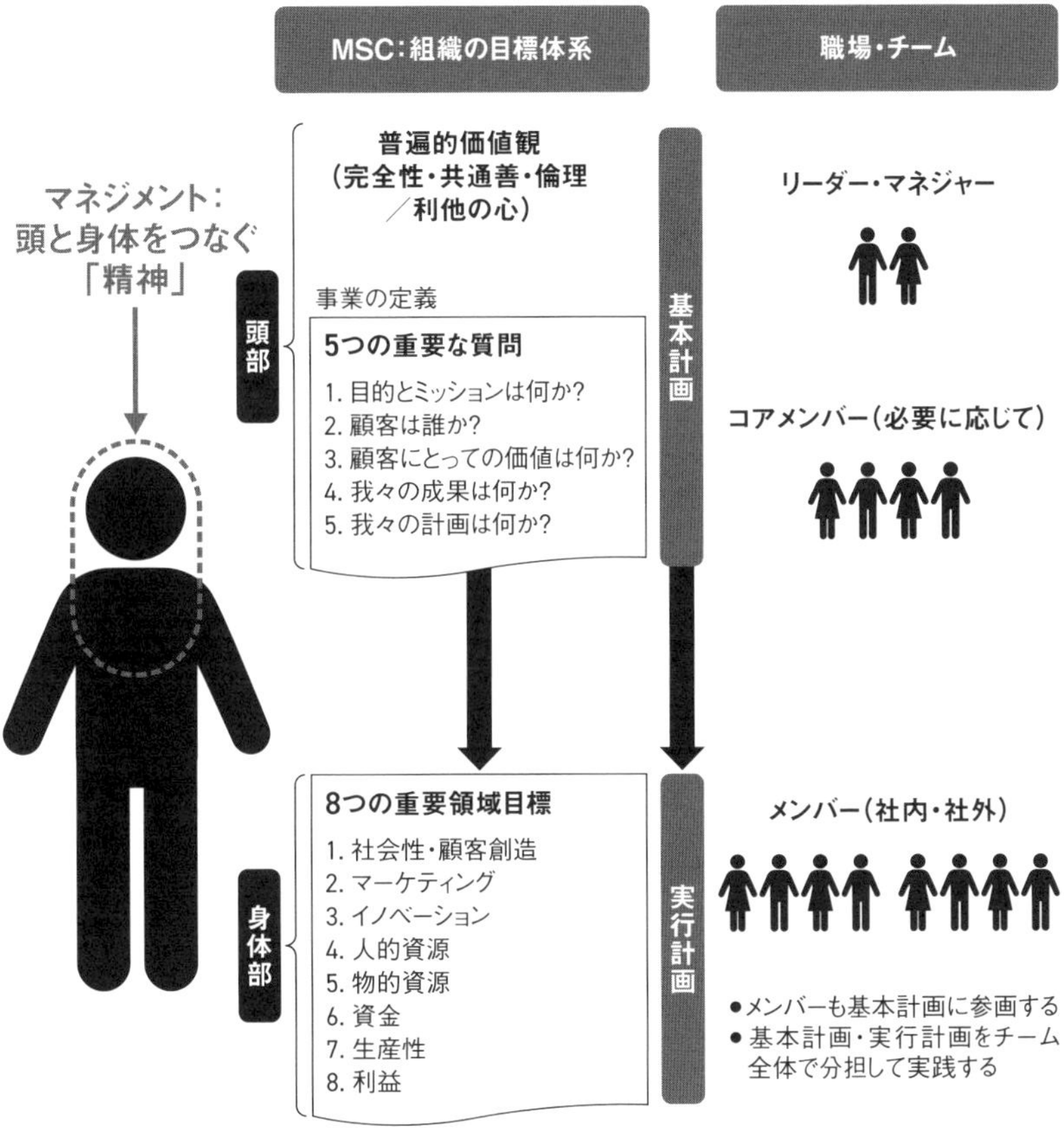

図 1-4　マネジメント・MSC・職場・チームの有機的な関係性

第2章

自分を成長させる「正しい問い」

第２章のねらい

管理職（ミドルマネジャー）として自らを成長させるためには、「正しい問い」を、自らの生涯を通じて問い続け、答えを出し続けることが大切です。第１章で触れたように、ドラッカーはこうした姿勢を「Managing Oneself（マネジング・ワンセルフ）」と表現しました。第２章は、ドラッカーが説いたManaging Oneselfについて、新米の管理職が抱えがちな悩みに筆者が答える形式で解説します。

自らの成長に役立つ「正しい問い」とは、次の通りです。

（1） 自分の強みを伸ばす問い

問1 自分が大切にしている価値観は何か

問2 自分の強みは何か

問3 自分の得意な仕事のやり方は何か

問4 自分の得意な学び方は何か

（2）自分の仕事を決める問い

問5　自分は働きがいを感じる仕事に就いているか

（3）果たすべき貢献を自覚する問い

問6　果たすべき貢献は何か

（4）職場・チームと人間関係を築く問い

問7　チームメンバーとの関係責任を果たしているか

（5）第二の人生を築く問い

問8　第二の人生に取り組んでいるか

自らを成長させる8つの問い
〜仕事と生き方の基本姿勢を問う

問1 自分が大切にしている価値観は何か
問2 自分の強みは何か
問3 自分の得意な仕事のやり方は何か
問4 自分の得意な学び方は何か
問5 自分は働きがいを感じる仕事に就いているか
問6 果たすべき貢献は何か
問7 チームメンバーとの関係責任を果たしているか
問8 第二の人生に取り組んでいるか

8つの問いを問い続け、実践することで能力を高める

経営層がミドルマネジメントに
期待する8つの能力

（1）より良い社会をつくる普遍的価値の実践力
（2）社会的課題を解決できる専門力
（3）信頼できる仕事のパフォーマンス力
（4）専門性を陳腐化させない継続的な学び力
（5）組織に頼らず自らのキャリアを切り開く能力
（6）一緒に働く人や組織に対する貢献力
（7）共に働く人とチームとして成果をあげる関係性の構築力
（8）経営者マインドを持ち第二の人生を切り開く能力

図 2-1　第 2 章のポイント

第1節 自分の強みを伸ばす問い

問1 自分が大切にしている価値観は何か

相談者 ITベンダー、設計チームリーダー

我が社は先ごろ、準大手製造企業の基幹システムの刷新プロジェクトを受注し、私は設計チームのリーダーに指名されました。現在、システムに盛り込む機能などを決める要件定義中ですが、顧客企業の利益と自社の利益のコンフリクト（衝突）に悩んでいます。

筆者 顧客の要求に対応できないということですか？

相談者 いいえ、むしろ逆です。業務ソフトウェアの大手企業が販売するＥＲＰ（統合基幹業務システム）パッケージに合わせて業務を改革する前提でプロジェクトが始まったのですが、顧客からは現行業務を変えないことを前提とした改善要求ばかりが出てきます。こちら

から、「費用はかかりますが、ＥＲＰのカスタマイズをすれば対応できます」と答えると、「それではお願いします」という調子です。このままの調子で進めれば、開発費は当初の2倍になり、納期は1年遅延し、さらに将来ＥＲＰをバージョンアップする際には、顧客に多額の費用負担が発生します。当社としては売り上げが見込めますが、こうした過度なカスタマイズは短期的にも中長期的にも顧客のメリットになりません。当社の方針は、顧客優先とは表向きで、その実態は売上至上主義です。顧客のためにカスタマイズをもっと抑えるよう勧めるべきか、売上増が見込めるカスタマイズを進めるか、迷っています。

筆者　仕事に対する考え方、価値観の問題ですね。一緒に考えてみましょう。

解説1 ▼ 間違った価値観を持つことによる失敗

顧客の利益よりも自社の売り上げや利益を優先する利己的な価値観が行き過ぎれば、様々な不祥事につながります。その例をあげてみましょう。第1章第1節で普遍的な価値観として紹介した「完全性・共通善・倫理」の視点から、近年生じたいくつかの事例を見ていきます。

●完全性からほど遠い事例・・・２０２４年に自動車業界で数多く発生した品質不正問題が代表例です。複数の自動車メーカーが、国が定めた数値基準をクリアしたかに見せるために、品質試験の測定機器から得られたデータを改ざんしていました。自動車メーカーは、国の基準を満たす努力、あるいは国の基準を適切なものに変える努力を怠っていたのです。自動車の安全性を高めるための努力を怠るこうした姿勢は、ドラッカーがいう完全性とはかけ離れたものです。

●共通善からほど遠い事例・・・2023年、中古車販売大手のいくつかの店舗周辺で街路樹が枯れていたことが判明しました。その原因は、会社の指示で従業員が除草剤を使用したことです。自治体が税金を投じて進めた街路緑化事業をないがしろにしたこの行為は、店舗をより良く見せたい、清掃しやすくしたい、という自己利益中心の身勝手なものでした。共通善とは、利他の心に根ざしたもので、環境保護はその代表例です。このような社会的な不祥事を会社が起こした原因には、自社の利益を公共の利益よりも優先する誤った価値観が社風として定着し、担当者もそれに逆らえなかったことがその根底にあります。

●倫理からほど遠い事例・・・これまで挙げたような不正が見過ごされ、長く続いた原因の一つに、不正に気づいた人が複数人いたにもかかわらず、上層部を忖度（そんたく）して表ざたにしなかったことがあります。特に職業人や専門家の倫理とは、第1章でも紹介した「知りながら害をなすな」のことです。ある行為が顧客に不利益をもたらすと予測されるのであれば、その行為をしないよう働きかけるのが、職業人の倫理のあり方です。完全性・共通善と関連はありますが、別の視点です。

普遍的な価値観である完全性・共通善・倫理の要求の全てに対し、完璧に応えられる個人も組織もおそらく存在しないでしょう。とはいえ、これらの価値観の理解と実践を誰もが諦めてしまうと、長期的には個人、組織、社会いずれも信頼できなくなり、結果として不幸な社会になりかねません。一人ひとりが完全性・共通善・倫理を実践することで、この社会は成り立っているのです。組織やチームの意思決定を担う管理職には、こうした社会の原理をよく理解し、正しい決定を下すことが求められています。それがひいては企業の不祥事を未然に防ぎ、事業の持続可能性を高めることにもつながるのです。

解説2 ▼ 真摯さという信条をもち実践する

ピーター・ドラッカーも、普遍的な価値観である完全性の大切さに気づいた一人です。18歳になった彼は、生まれ故郷のウィーンからハンブルク大学の法学部（夜学）に入ります。昼間は商社の見習いとして働き、その当時は夜も授業が無かったので週1回はオペラを観劇していました。ある夜、19世紀の偉大な作曲家、ジュゼッペ・ヴェルディ（1813－1901）のオペラを観て感激したのです。楽曲は、1893年に彼が書いた最後のオペラ『ファルスタッフ』というシェークスピアの戯曲をヒントにしたものでした。それを聴いたドラッカーは、80歳の音楽家が作曲した明るく人生の喜びを歌いあげる信じがたいほどの力強さに圧倒されたのです。

さらに調べてみると、「音楽家としての全人生において、私は常に完全を求めてきた。そしていつも失敗してきた。私には、もう一度挑戦する責任があった」（『創生の時――P・F・ドラッカー 中内㓛往復書簡（2）』p.32）と彼が語っていたことを知ったのです。青年期のドラッカーは、この体験から完全を目指して生涯努力することが大切であることを深く心に刻んだのです。これは、ドラッカーが「人生を変えた7つの経験」の1番目として私たちに伝えています。

人類の普遍的な価値観である完全性・共通善・倫理を信条とする働き方・生き方をドラッカーは真摯さ（integrity of character）と表現しました。会社の価値観に違和感を覚えた際には、こうした普遍的な価値観に照らして、何が正しいのかを考えるようにしてはどうでしょうか。

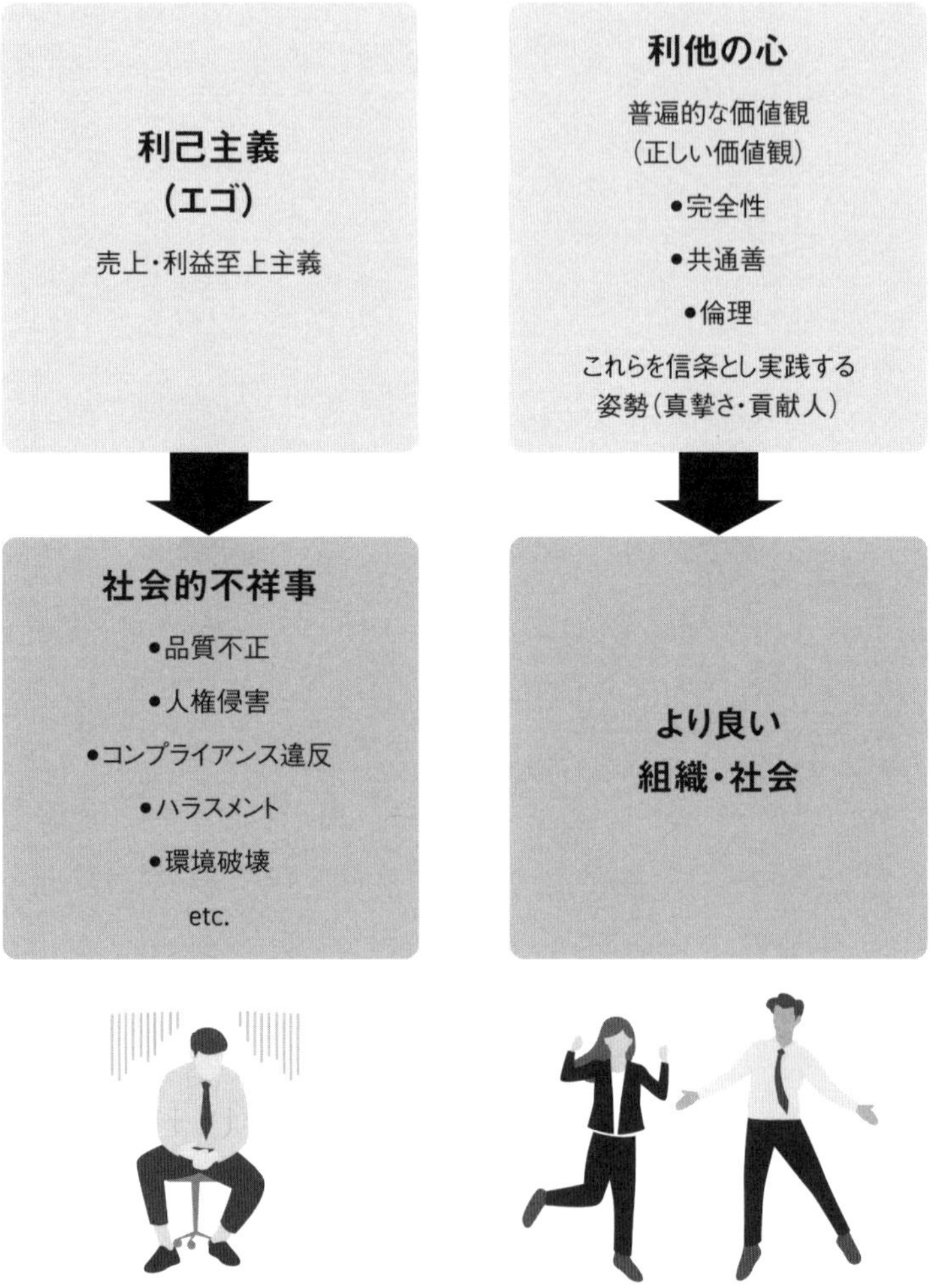

図 2-2　自分が大切にしている価値観は何か（問 1）

問2 自分の強みは何か

相談者　アパレルメーカーの営業職

相談者　ここ最近は営業成績が伸び悩んでいて、あれこれ努力してみたのですが改善しません。このまま営業職を続けるべきか悩んでいます。

筆者　営業職として満足な成果をあげられていない理由は何ですか?

相談者　顧客からは、コミュニケーション力は高いと評価される一方、提案力が弱いと言われます。なんとか提案力を伸ばせないかと、プレゼンの技法など学んでみたのですが……。

筆者　提案力が弱いという弱点の克服を考えることより、得意なコミュニケーション力をさらに伸ばすことを考えてみましょう。コミュニケーション力がさらに高まれば、提案力も高めやすくなります。自らの強みを伸ばすにはどうしたらよいか、考えてみましょう。

解説1 ▼ 強みを伸ばすフィードバック分析

自らの強みを知り、強みを伸ばすには、フィードバック分析が有効です。読者の多くは、社会人教育で「管理とはPDCAサイクルである」ということを教えられたと思います。このPDCAは、1950年代初頭に米国の統計学者であり品質管理の専門家であるエドワーズ・デミングが日本の製造業に指導した、フィードバック分析に基づく品質管理の考え方です。分かりやすく言えば、計画を立て、実行し、結果を計画値と比較し、そのズレを修正して生産を繰り返すことで計画値を達成するという考え方です。

ドラッカーも、個人の成長においてこうしたフィードバック分析が重要であることに気づいていました。ドラッカーが『プロフェッショナルの条件』（2000年発行）の中で挙げていた「人生を変えた7つの経験」の一つに、中世ヨーロッパ研究を通じてフィードバック分析の大切さを知ったというエピソードがあります。カトリック系のイエズス会やプロテスタント系のカルヴァン派の2組織は、修道士が自らフィードバックを定期的に行うことで自らの強みを知り、自らを成長させていました。具体的には、あるプロジェクトを計画する際には目標値を書き残しておき、一定の期間が経過した後に結果と照合し、その期間内で達成したこととできなかったこと、その原因を明らかにするという学習方法を採用していたのです。

解説2 ▼ 正しいフィードバックが「正しい強み」を伸ばす

個人を成長させるフィードバックを実践するうえで一つのコツがあります。栄誉欲など利己的な欲求に基づくフィードバックではなく、完全性・共通善・倫理など普遍的な価値観に基づくフィードバックを行うことです。正しい強みを伸ばすには、正しいフィードバックが不可欠なのです。

読者の皆さんは、ノーベル賞の受賞者の多くが「人類（あるいは、○○で困っている人々）のために私は長い間、○○をしてきました。このような栄誉を与えられ、たいへん光栄です」といったスピーチをすることを知っているでしょう。この受賞スピーチの中に、正しいフィードバックの意味が隠されています。偉業を成し遂げた人たちの多くは、栄誉欲など利己的な思い以上に、その学術分野への貢献、ひいては人類への貢献を含めた「利他の心」を持ち、普遍的価値観を実践する真摯さを持って取り組んできました。その結果が、その学術分野での高い評価であり、ノーベル賞という栄誉なのです。当初は栄誉欲などの利己的な思いが強かったとしても、普遍的な価値観である完全性・共通善・倫理という鏡に照らして自己を磨くことで、自分の強みをさらに伸ばし、かつその強みをより公的なものに変えることが可能になります。「世界的なお金持ちになりたい」といった利己の気持ちのみでは、こうしたフィードバックは働かず、周りからも評価されません。

普遍的な価値観を忘れずに真摯に仕事に当たれば、会社組織内だけでなく、社外からの評価も得られるようになるでしょう。相談者の強みであるコミュニケーション力を伸ばすことにも、このフィードバック分析の方法は活用できるのではないでしょうか。

解説3 ▼ フィードバック分析から分かること

ドラッカーは、フィードバック分析の効果を次のように説いています。(『明日を支配するもの：21世紀のマネジメント革命』より)

1. 強みに集中できる…成果を生み出せる分野に時間やお金を集中できる
2. 強みを伸ばすことができる…伸ばすべき技能や身につけるべき知識が分かる

3. 失敗から学ぶことができる…足りない知識、足りない言動を自覚し、謙虚さの必要性が分かる
4. 自らの悪癖を改める…時間やお金などの無駄遣いを避けられる
5. 対人関係・コミュニケーション力の不足を知る…人への接し方、礼儀の大切さが分かる
6. 行うべきでないことを明らかにする…強みを生かせない分野の仕事を避けられる
7. 並の分野の能力向上に時間とお金をつぎ込まない…苦手な分野を並の水準にすることの非効率性が分かる

正しいフィードバック分析を続けることで、このような効果を得ることができます。一方、普遍的価値観に基づかず、真摯さを欠いたフィードバック、間違ったフィードバックを繰り返すと、他者から喜ばれない、長続きのしない強みばかり身についてしまい、強みの成長はそこで終わってしまう恐れがあります。これについて、ドラッカーは、「強みとは、スキルの有無ではない。能力（capacities）である」（『ドラッカー名著集 4 非営利組織の経営』、p.217）と言っていますが、筆者も同意見です。普遍的な価値観に照らしたフィードバックは、組織や時代をも超えて成果をもたらし、個人の強みを「より公的な強み」に成長させることができます。「職域や専門分野の知識や技能の取得・修得」を超えて、「自分の強みをより公的な強み」に成長させることが、この能力（キャパシティ）の意味なのです。

正しいフィードバックの効果

＊普遍的価値観（完全性・共通善・倫理）に基づく

1.強みに集中できる：時間や資金の無駄を省く

2.強みを伸ばすことができる：成果が伴わない分野から退く

3.失敗から学ぶことができる：失敗から教訓を得る

4.自らの悪癖を改める：強みに集中できない習慣を捨てる

5.対人関係・コミュニケーション力の不足を知る：他人に誠実に接することの大切さを知る

6.行うべきでないことを明らかにする：受けてはいけない知識が無い分野の仕事を知る

7.並みの分野の能力向上に時間とお金をつぎ込まない：努力と投資の分野を集中する

↓

- **正しい強み（より公的な強み、専門分野・自分にしかできない事）を伸ばす**
- **自分は何者かを語れるようになる**

図 2-3　自分の強みは何か（問 2）

問3 自分の得意な仕事のやり方は何か

相談者　商事会社の業務部、リーダー

2カ月前に営業部から異動し業務部の関東地域リーダーを任せられましたが、年上の部下の仕事を見ていると圧倒されます。「この商材の市場調査は、こうする」「この商材の契約締結では、紙ベースとデジタルをこのように使い分ける」「社内○○部署のキーパーソンは誰か」など。上司の部長からは早く一人前の地域リーダーになるように言われているので焦ります。専門知識も実績も自分より上の方が多い中で、自分の仕事のスタイルは、まだ中途半端だと気づかされます。

筆者

なじみがない分野に異動した新米のリーダーが第一にすべきことは、いろいろな仕事のやり方を覚え、試しながら、自分が得意とする仕事のスタイルを見いだすことです。自分の強みを生かせる仕事で小さな成果を積みあげ、部下から一目置かれるようになれば、自然にリーダーになる環境が整います。

解説1 ▼ 得意な仕事の仕方を見いだす

年上の部下を持つことをネガティブにとらえる必要はありません。むしろ、仕事の仕方を身につけるチャンスです。いろいろな仕事のやり方があることは、ベテランの部下から教えてもらえます。

そうした環境を生かして、様々な仕事のやり方を試しつつ、自分が得意とする仕事のやり方を見いだすことから始めてはどうでしょうか。自らの「強み」を生かした得意の手法を見いだし、成果をあげることができれば、これまでのキャリアを生かして自然にリーダーシップを発揮できるようになるでしょう。

相談者はこれまで、職場で様々な仕事のスタイルを体験したはずです。取引先とのやり取りは書面かデジタルか。単独で仕事をするタイプか、仲間と仕事をするタイプか。在宅勤務を好むか、対面での仕事を好むか、などです。まだ経験していない働き方があれば、試してみることも大切です。多様な人と仕事をする以上、いくつかの得意な仕事のスタイルを習得し、ビジネスシーンに合わせて仕事の仕方を変えるというバランス感覚が求められます。多様な部下に囲まれている恵まれた環境を生かして、自らの得意な仕事のスタイルを知ることは、自分をリーダーに成長させるためには必要なのです。

ただし、「得意な仕事のやり方を見いだす」とはいっても、そのやり方が独りよがりでは、組織としての成果にはつながらず、強みを伸ばすことにもなりません。「何のための仕事か」を理解し、「どのように仕事をするか」を考え抜く必要があります。「何のための仕事か」とは、その仕事の目的や、要求されている結果をできるだけ正確に把握することです。必要であれば、その仕事の結果を利用する人に話を聞いてみましょう。「どのように仕事をするか」とは、その仕事で要求されていることが「スピード」か「品質」か「量」かを確認し、その要求に合った仕事のやり方を考えることです。この2つを問うことは、リーダーに限らず仕事のプロを目指すうえで重要な姿勢です。

解説2▼上司との面談とフィードバックを成長の機会とする

相談者は、幸いにも、上司の部長から期待をかけられているようです。相談者がリーダーになって2カ月であることと同じように、職位を問わず誰にでも新米の時代はあります。そうした時期に重要となるのが、直属の上司との面談などによるフィードバックの機会です。

ドラッカーも、上司からのフィードバックで成長を実感した一人でした。ドラッカーが語る「人生を変えた7つの経験」の一つに、20歳ごろの新聞記者時代に上司であった編集長から定期的に仕事についての面談を受け、そこから多くを学んだというエピソードがあります。その編集長は、部下の記者の一人ひとりと対面で1週間の仕事ぶりについて話を交わしたといいます。さらに半年ごと、1年ごとに、土曜日の午後と日曜日一日を使って、全員と話をしたのです。優れた仕事、一生懸命やった仕事から始め、一生懸命やらなかった仕事やお粗末な仕事、失敗した仕事については鋭い指摘がされたそうです。面談の最後には、今後のことについて、例えば、「集中すべきこと」「改善すべきこと」「勉強すべきこと」について話し合ったのです。

ドラッカーはこの経験から、定期的に上司と仕事について充実した面談を実施することの大切さ、そして自身でも定期的に自分の仕事を振り返り、継続的に仕事のやり方や学び方を改善することの大切さを学んだのです。今では、どの会社でも、1on1（ワンオンワン）ミーティングを実施するようになりましたが、こうした上司との面談の中で、自分の「強み」と「得意な働き方」について助言を求めるのも有効です。

解説3 ▼ 自らリーダーを目指す姿勢

ドラッカーは，『未来企業』（1992年発行）15章「リーダーシップ」の中で、実務で成果を出す効果的リーダーシップ（Effective Leadership）を説きました。これはカリスマ性やリーダーシップの資質や特性，個人的な資質によるものではありません。まず、第1に組織の使命と目標を定め，優先順位や基準を決め、それらを自らの行為によって範を示すプロとしての仕事ができること、第2に「最終的責任は私にある」と言えること、第3に、一貫した誠実な（integrity）言動により信頼を得ること、としています。「そしてリーダーに関する唯一の定義は、つき従う者がいるということである。」と述べています。相談者の場合も、まずは新しい職場で仕事のプロを目指す姿勢を習慣にするように努力しましょう。仕事で小さな成果を積むこと、チームの成果に責任を持つ姿勢を示すことで周囲の信頼を得ることができれば、立派なリーダーです。チームの成果目標を上司と相談して定期的に見直し、フィードバックを受けることで、上司の信頼も増すことになり、プロのリーダーとして成長できるのです。

「強み」を伸ばすためにプロフェッショナル（一流）を目指す

チェックリスト

得意な仕事のスタイルは何か。

□ 話すことで仕事をする。
□ 書くことで仕事をする。
□ 身体を動かして仕事をする。
□ 夜に仕事をする。
□ 早朝に仕事をする。

□ 書面で仕事をする。
□ ペーパレスで仕事をする。
□ オンラインで仕事をする。
□ 対面で仕事をする。

□ 一人で仕事をする。
□ 少人数で仕事をする。
□ 大人数で仕事をする。
□ 褒められて仕事をする。
□ 叱られて仕事をする。

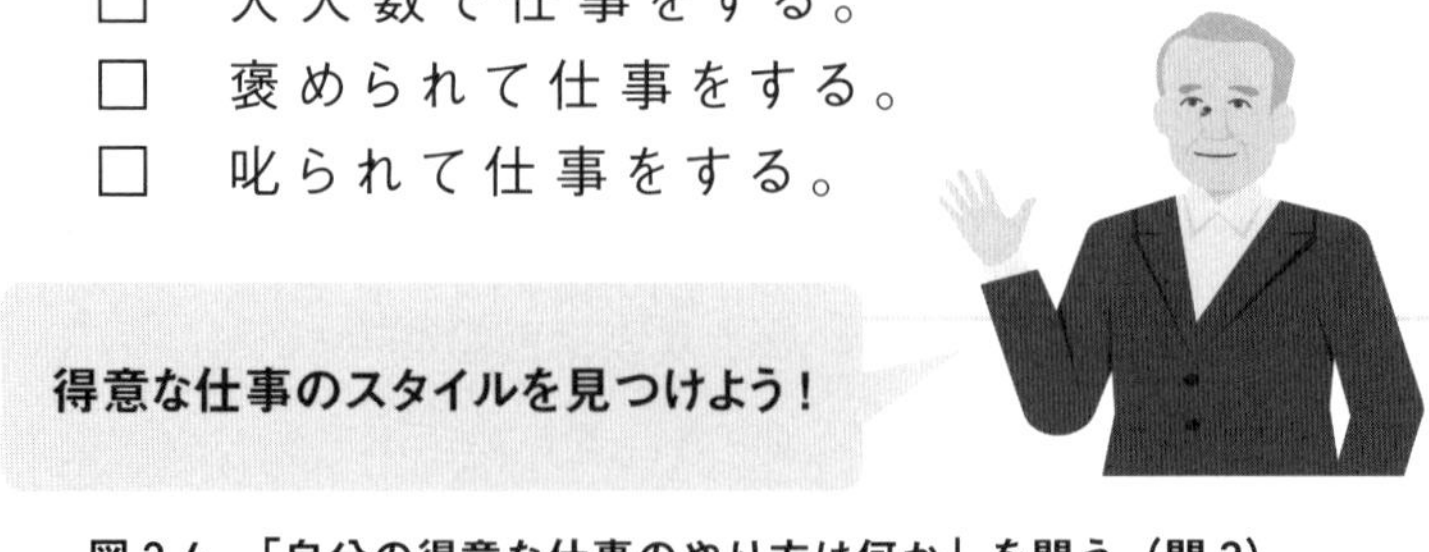

図 2-4 「自分の得意な仕事のやり方は何か」を問う（問 3）

問4 自分の得意な学び方は何か

相談者　食品製造業、業務革新チームリーダー

私がリーダーを務めるチームのミッションは、ＡＩ（人工知能）などデジタル技術を活用して全社の業務改革を推進することです。ミッションの達成に向け、統計学、会計知識、デジタル技術、品質管理など学ぶことがたくさんあります。我が社ではリスキリングを支援する制度がありますが、時間的に制約がある中、どのように学ぶべきか、悩んでいます。

筆者

時間と予算を有効に使って、自分の強みを伸ばしたり強化したりできると良いですね。そのためには、まず、自分の学び方を見直して、できれば今後のためにも、得意とする学び方を１つか２つ身につけたいところです。

解説1 ▼ 学ぶ目的をはっきりさせる

自分の強みを伸ばすには、学んだ知識を仕事の成果に結びつけ、樹木の年輪のように実績を積み重ねることで自分の専門性を強化することが基本です。学びを単に知識の習得で終わらせないためには、「どんな仕事でどのような成果をあげたいのか」をよく考えたうえで、「そのためには、どんなデジタル技術を学ぶ必要があるのか」「品質管理の中でどのような知識やスキルを習得する必要があるのか」を絞り込み、「学ぶべき知識や技術」をはっきりさせる必要があります。

解説2▼学びのスタイルを習慣にする

何かを学ぶためには、自分が得意な学びのスタイルを知る必要があります。人には読んで学ぶか、聞いて学ぶか、書いて学ぶか、話して学ぶか、それぞれ得意な方法があります。さらに、その学びのスタイルを習慣にできれば、自分の強みを伸ばすことにつながります。

ドラッカーが語った「人生を変えた7つの経験」の一つに、フランクフルトで新聞記者として働いていた時代のエピソードがあります。夕刊紙の担当であった彼は、朝6時に仕事を始めて午後2時15分に仕事を終えていましたが、それ以降の夕方と夜には、次の取材テーマに備えて国際関係・国際法、社会機関、歴史から金融などについて勉強していました。そのような日常を送りながらも、3年から4年ごとに新しいテーマについて学び、仕事で実践するという方法論を身につけたといいます（『創生の時――往復書簡〈2〉』pp.46-49）。ドラッカーはこうした学びのスタイルを仕事の中で習慣化し、高速・高品質の記事を量産するというプロの著述家としての基本を築いたのだと思います。

解説3▼基本と原則を学び続ける

学びのスタイルを習慣化することは、チームのメンバーを成長させるうえでも重要です。チームメンバーに学びのスタイルを習慣化させるうえで有効なのが、自律的な学びの基礎となる「基本と原則」を徹底して身につけさせることです。米ディズニー社もその一つです。来場者に安全に非日常の最高の体験を提供するために、キャストがそれぞれ専門職としての強みを伸ばしやすい教育を提供しています。その方法とは、ディズニー社のキャストが強みを発揮するための「基本と原則」を徹底して学ぶことに尽きます。同社では、この「基本と原則」のことを「型を学び実践すること」と表現しています。その教育の内容は次の通りです。

まず、ディズニーユニバーシティのオリエンテーションを受講した後、各現場での体系的な教育（ディビジョン・トレーニング）を受けます。アトラクションの運営部、飲食施設を担当する食堂部、物品販売施設を担当する商品部、清掃担当のカストーディアル、警備等のセキュリティー、その他防災を担当するゼネラルサービス部などで教育を受けます。各部の個別要求に沿った仕事の知識と手順を中心にマニュアルの内容を覚えるだけではなく、言葉や行動として実践できる段階まで各種の座学と実地トレーニング（OJT）で習得させます。例えば、OJTについて、ディズニーでは、何よりもゲストの安全が最優先されるため、トレーナーが付き添い「型を」を覚え、実践できることが必須とされます。

これらの研修で繰り返し教えられるのが、ディズニーのフィロソフィーであるSCSE（SAFETY：安全、COURTESY：礼儀、SHOW：ショー、EFFICIENCY：効率）です。オリエンテーションだけでなく各部・各現場のトレーニングでも繰り返しSCSEを教えることで、キャストに求められる「型」を身につけるといいます（『ディズニーランドの人材教育』p.147）。ディズニー社のキャストは、

「基本と原則」を学ぶことで、さらなる自律的な学びを促し、プロ集団として、来場するゲストにより良い顧客体験（付加価値）を提供し続けることができるのです。これは、ビジネスの世界でも同じです。いずれの分野にも「基本と原則」に当たる知識や手順、フィロソフィーがあり、それらを習得することで、自律的な学びにつなげることができるのです。

1. 学ぶ目的は何か

2. 何を学ぶか(3～4年ごとに)

3. 学ぶスタイルを知るチェックリスト

- □ 読むこと、見ることで学ぶ
- □ 書くことで学ぶ
- □ 聞くことで学ぶ
- □ 話すことで学ぶ
- □ 移動中に学ぶ
- □ 深夜に学ぶ
- □ 早朝に学ぶ
- □ 書面で学ぶ
- □ デジタルで学ぶ
- □ オンラインで学ぶ
- □ AIで学ぶ
- □ 対面で学ぶ
- □ 一人で学ぶ
- □ 仲間と学ぶ
- □ 教えることで学ぶ
- □ 研究することで学ぶ

4.「基本と原則」を学び続ける

↓

自分の強みを伸ばし、自分を成長させる

図2-5　自分の得意な学び方は何か(問4)

第2節 自分の仕事を決める問い

問5 自分は働きがいを感じる仕事に就いているか

相談者　化粧品製造販売会社、店舗運営部

この職場に管理職として配属されて5年がたちます。直営店と特約店の営業管理業務を担当しています。売上管理と出荷管理という日常業務をしていますが、働きがいを感じることがほとんどなく、もっとやりがいのある仕事をしたいと思っています。

筆者　仕事にすっかり慣れてきたということですね。新しいことに挑戦する機会はありませんか？

相談者　最近、全社的DX（デジタルトランスフォーメーション）プロジェクトが始まり、新設されるDX推進組織のメンバーの公募があったのですが、自分は選ばれませんでした。

筆者　気を落とさないでください。DXは店舗運営部と一緒に行ってこそ成果が出るもので、推進本部に異動しなくても現場でできることはたくさんあります。この機会に、本来のDXについて考えてみましょう。

解説1▼「自分の居場所」は自分で見つける

DXの成否は、DX推進チームにではなく、むしろ事業部門の肩にかかっているのです。最近のDXプロジェクトは、業務改革が大きな目的の一つです。デジタル技術を使って今の仕事を変革し、経済性や生産性を高めることを目指します。当然、日常業務も大きな影響を受けることになります。それに伴って、仕事のやり方が変わり、デジタル機器やAIツールなどのソフトウェアを、現場の担当者が扱うことも考えられます。このようなデジタル技術を活用したDXプロジェクトは、むしろ事業部門の現場のほうが主導して進めてこそうまくいきます。むしろ、事業部門側からDX推進組織に業務改革のアイデアを出すなど、積極的に関与していくことができます。自分の処遇を会社に委ねるのではなく、「自分の居場所」を自分で見つける姿勢が求められます。

解説2▼「何によって憶えられたいか」を問う

やりがいのある仕事を得ることを、筆者は「所を得る」と表現しています。所とは、場所ではなく心のあり方です。隣の芝が美しく見えるのならば、隣の芝の魅力に負けない、自宅の魅力をつくるという発想です。ドラッカーの「人生を変えた7つの経験」の一つである「何によって憶えられたいか」のエピソードは、そうした心のあり方を理解するうえで参考になると思います。

ドラッカーが40歳のときにニューヨーク大学でマネジメントを教えるようになったのですが、その年の1950年1月3日、彼は父アドルフと一緒に、重い病に伏していた有名な経済学者ヨーゼフ・シュンペーター（1883-1950）を訪問しました。そのとき、「何によって憶えられたいか」について議論したといいます。シュンペーターは、「私も、本や理論で名を残すのでは、満足できない年になったんです。誰か他の人を素晴らしい人に変えたのでなければ、何も変えたことにはなりませんから」と話したといいます。

ドラッカーは、このシュンペーターの言葉から3つのことを学んだと書いています。第1に、何をもって自分の名を残したいか自ら問うこと、第2に、その問いは年をとるにつれ変わっていかなければならないこと、第3に、本当に名を残すに値するのは他の人を素晴らしい人に変えることである、ということでした。（『創生の時――往復書簡〈2〉』pp.46-49）

この「何によって憶えられたいか」という問いは、自分の「強み」が、他者に良い影響をおよぼしたのかを、問うことと同じです。相談者のケースでいえば、店舗運営部には、DXプロジェクトに伴う同部の業務改革と、そこで働く社員の働き方改革を、DX推進組織の支援を受けつつも自ら主体的に行うことが望まれています。その中で、店舗運営部のミドルマネジャーである相談者が、店舗運営部の実質的なDXリーダーとしての役割を果たすことは、会社に大きく貢献することになります。これまでの5年間で得られた「知識や経験」という「強み」を生かし、伸ばすことができるのです。

解説3 ▼「適所適材」にふさわしい自分の強みをつくる

働きがいのある仕事に就くうえで大切なことは、「自身の強みをどのように活用するか」という視点です。日本で適材適所といえば、その人の能力に合った役割を用意するという意味ですが、これとは逆の人事を行っている例を紹介しましょう。DXの先進企業の一つといわれる日用品大手の米プロクター・アンド・ギャンブル（P&G）には、「Flow to the Task」という言葉があります。これは､やるべきことを先に決め、それに従って人を割り当てるという意味です。つまり「適材適所」とは逆の「適所適材」で人事をするということです。P&Gはグローバルでそれを実行しているのです。何をするかを決め、実行するうえでの課題を洗い出すことで、なすべき仕事（task）が決まり、必要なスキルを備えたふさわしい担当者がそれを担うことが自然の流れ（Flow）なのです（『P&G式 世界が欲しがる人材の育て方』p.154）。そのような「適所適材」を求める会社組織の要求に応えるには、日ごろからの準備が必要です。自分の強みを知り、社内での評価を自覚し、積極的に自分の強みをPRすることも大切です。自ら希望していた部署に異動したり、新しい事業に関わったりといったチャンスを得ることもあるでしょう。また、社外の人脈づくりも有効です。思わぬオファーが社外からあり、処遇を含めてキャリアアップの機会が転がり込んでくることがあっても不思議ではありません。「適所適材」に対応できる自分の強みを磨くことが大切なのです。

1. 働きがいを感じる仕事に就いているかを問う

↓

2. 何によって覚えられたいかを問う

↓

3. 自分の強みは何か、自分は何者かを問う
(専門分野、得意な仕事の仕方は何か)

↓

4. 将来のキャリアの選択肢を問う

- □ 現状維持か
- □ 社内異動か
- □ 転職か
- □ その他

図 2-6　自分は働きがいを感じる仕事に就いているか（問 5）

第3節 果たすべき貢献を自覚する問い

問6 果たすべき貢献は何か

相談者 **車載機器製造業、開発部門**

今の会社に転職して開発チームのリーダーになってから1年がたつ30代です。前職は設計部門でしたが、残業が多くプライベートの時間が取りにくいこともあり辞めました。会社はDXを推進するという方針のもと、当部にもDX推進部署から協力の依頼が入ってきます。チームのリーダーとして対応すべきなのですが、モチベーションが起きません。本業が忙しいからです。

筆者 転職したばかりですし、どのように働くか、仕事時間の配分などに悩む時期ですね。

相談者 本業と会社のプロジェクトの仕事との時間配分が難しくて、先が読めません。

筆者　良い機会ですから、一緒に考えてみませんか？

解説1 ▼ 働くことの心構え、初心に返って考えてみましょう

社会全体がＳＤＧｓなどの社会課題の解決に舵《かじ》をきっている中、自らの働き方の基本を見直すことも大切だと思います。30代という時期は今後のビジネス人生の基本的な考え方や姿勢を決定する大切な時期です。中には働く目的を、「お金のため」と割り切り、プライベートを最優先して働く人も、多様性の時代においては増えています。一方で、組織の成果に貢献し、組織とともに働きがいを得つつ、併せてプライベートを充実させている人もいます。第1節の［問1］［問2］を思い出してみてください。普遍的な価値観を忘れずに利他の心を持ち、自らの「強み（専門性）」を伸ばすという働き方があります。

会社の経営方針とのギャップに悩んだときは、上司に自身の時間配分と仕事の優先順位などについて、助言を求めるのも良いと思います。

解説2 ▼ 新しい職場での成果は何か

前職で通用したやり方は、新しい職場では通用しないということを、ドラッカーも体験しました。ドラッカーの「人生を変えた7つの経験」の中に、転職先で上司から叱られたエピソードがあります。

ドラッカーは、1933年にドイツのフランクフルトからイギリスのロンドンに移り大手の保険会社で証券アナリストを勤めた後、銀行に転職します。銀行ではエコノミストとしてシニア・パートナーの補佐役として働き始めて3カ月ほどたった頃です。上司である70歳代のシニア・パートナー（証券アナリストだった）から、前職と同じ仕事をしていてはダメだ、今の仕事で成果をあげるため、何をしなければならないかを考えているのか、と言われたのです。ドラッカーは、新たな職場で成果を出していたつもりでしたが、本当のところは的外れな仕事をしていたことを知らされたのです。「私は相当頭に血が上りました」と書いています。それほどショックだったのです。しかし、この体験からドラッカーは、次の教訓を得たのです。第1に、新しい仕事で成果をあげるには、何をしなければならないかを自問すること、第2に、新しい任務が要求するものについて、自分で徹底的に考え抜くこと、第3に、新しい任務が要求するもの、新しい挑戦・仕事・課題において、決定的に重要なものに集中することだったのです（『創生の時——往復書簡〈2〉』pp.40-44）。

解説3 ▼ 目指す人間像を「貢献人」とする

現代は営利企業も、非営利組織のように、社会課題の解決と本業の成果を一致させることが期待される時代です。このため営利企業で働く社員にとっても、自らの目指す人間像をどのように描いているのかが問われています。

例えば、目指す人間像を、第1章で紹介した「貢献人」と考えてみてはどうでしょうか。貢献人とは、「何によって憶えられたいか」を問い続け、社会に貢献する人間像を指す言葉です。社会への貢献を目指すといっても、直接的な貢献の相手は顧客、取引先、上司や同僚など様々です。多くの顧客に喜んでもらえる商品やサービスを開発してお届けすることで「貢献人」として感謝されれば、人は働きがいを感じ、生きがいさえも感じることができます。

世界的なホテルブランドのザ・リッツ・カールトンでは、スタッフ同士が助け合える環境づくりとして「ファーストクラス・カード」という制度があります。これは、スタッフ同士が互いに助ける（貢献する）ことを促進させます。例えば、「お客様の荷物が予想以上に多く、ベルマンがハウスキーパーのセクションにヘルプを頼んだとしましょう。荷物を運び終わったとき、手伝ってもらった感謝のしるしとして相手に手渡すのがファーストクラス・カードです。」（『リッツ・カールトンが大切にするサービスを超える瞬間』p.131）このカードは、手渡す前にコピーされ、オリジナルは助けてくれた相手に、写しは人事セクションに回します。人事は、次の人事評価の参考にしているのです。

このような貢献人がより良い組織をつくり、より良い社会をつくるとしたら、とても希望のある未来が約束されるのではないでしょうか。またドラッカーは貢献について「他方、単に好きなことをするというだけでは、自由はもたらされない。気ままにすぎない。それではいかなる成果もあげられない。いかなる貢献も行えない。自らの果たすべき貢献は何かという問いからスタートするとき、人は自由となる。責任をもつがゆえに、自由となる。」（『明日を支配するもの』p.218）と述べています。

1. 状況は、貴方に何を求めているか

2. 自らの「強み」「仕事の仕方」「価値観」を活かし、どのように貢献」するか

3. より良い変化を実現するための成果は何であるべきか

行動計画に落とす手順と内容

1. 何に貢献すべきか

2. 自らの貢献は何でなければならないか

3. どこで貢献するか

4. いかに貢献するか

5. 貢献のプランは何か

　① 行うべきことは何か

　② 始めるべきことは何か

　③ 始め方はどうするか

　④ 目標（期待する結果、内容、数値など）と期限

⋮

図2-7　果たすべき貢献は何か（問6）

第4節 職場・チームの人間関係を築く問い

問7 チームメンバーとの関係責任を果たしているか

相談者　**総合商社、市場開発部、チームリーダー**

国内市場が縮小傾向にある中、部署横断的なプロジェクトを4カ月前に発足させました。発足当初からチームの一体感をつくるために、会社からの補助もありバーベキューやゴルフ大会などをしていますが、4カ月たった今では参加者も減り、仕事上の人間関係が冷めているのではないかと危惧しています。

筆者　せっかくの企画なのに残念です。チームの活動方針はメンバーで共有していますか？

相談者　はい、チーム活動方針に基づく目標管理制度がありますので、一人ひとりは目標達成のために努力しています。

筆者　組織のモチベーションのよりどころとなるべき人間関係について、一緒に見直してみましょう。

解説1 ▼ 職場・チームをプロ集団にするマインド

組織が成果をあげる集団に変わるためには、まず価値観、つまりものの見方の変革から始めます。ワールド・ベースボール・クラシック（WBC）で2023年に日本チームが優勝したとき、大谷翔平選手が日本代表チームのメンバーに話した言葉「メジャーリーガーの有名選手に憧れるのはやめましょう」は、「憧れる」価値観から「勝利する」価値観に転換したところからチームが一丸となり、現実の「勝利」という成果を得たのです。

大谷選手は、チームのあるべき価値観（憧れるのをやめるというマインド）と目的（米国チームに勝利する）を宣言することで、日本チームの仲間意識を変えました。このとき、大谷選手は実質的なチームリーダーになったといえるでしょう。次に、彼は自ら投手としても打者としても卓越したプレーで範を示しました。名実ともにリーダーに成長しつつ、チームメートにも自らの役割を意識させ、チームの勝利へ貢献することを促したのです。そのマインドに感化された日本チームのメンバー一人ひとりも、元々はプロとして同様のマインドを持っていたからこそ、「憧れるのはやめましょう」の一言に奮い立ったのです。その結果、日本チームはドラマチックな勝利を勝ち取ったのでした。大谷選手のプロとしてのマインドは、彼が高校時代に作成した目標達成シートで、複数の目標（体づくり、人間性、メンタル、コントロール、キレ、スピード160キロ、変化球、運）を掲げて自らを成長させたことでつくられました。このようなプロ意識をチーム全体が共有できたときに、大きな成果をあげることができるということを教えてくれます。

解説2▼単独でもチームでも変えてはいけないマインド

とはいえ、プロとして持つべきマインドをリーダーが職場やチームのメンバーにいくら説いても、簡単に共有できるものではありません。マインドとは、価値観や心構えであり、野球のスキルや知識など専門的な技能とは、別の次元のものです。管理職として、どうやってチームメンバーにプロのマインドを教えるか。それには、ドラッカーの「人生を変えた7つの経験」の一つ「古代ギリシャの彫刻家フェイディアス」のエピソードが参考になります。

ハンブルクの商社で見習いをしていたドラッカーは、その頃に読んだギリシャの偉大な彫刻家フェイディアスの物語から、完全とは何かを知りました。それは、プロのマインドとして不可欠な要素の一つです。紀元前440年頃アテネのパンテオンの屋根に置く彫像群の制作を依頼されたフェイディアスは、下から見上げる人には見えない彫像の背中の部分まで彫ったのですが、報酬の支払いを担当した会計官は「誰も見ない背中の分まで請求している」と文句をつけました。それに対してフェイディアスは、「それは間違っている。神々が見ている」と答えたというのです。この物語を読んだドラッカーは、「しかし私は、神々しか見ていなくとも、完全を求めていかなければばならないということを、そのとき以来、肝に銘じてきています」（『創生の時――往復書簡〈2〉』p.34）と書いています。このときフェイディアスが制作した彫像群は、完成から２４００年以上経た今も、パンテオンの屋根に立っています。これは、同じ7つの経験におけるヴェルディの教訓（問1参照）「完全を追求して、新しいオペラを書き続けた真摯さ」と併せて、普遍的な価値観の大切さをドラッカーに深く理解させました。一人で黙々と仕事をしていても、「神々が見ている」という精神を忘れずに努力することが大切です。また、複数人とチームを組んで仕事をする場合も、「神々が見ている」という精神を忘れずに、真摯に取り組むことが大切なのです。このようなマインドと成果をあげようとする目的意識を共有する仲間たちが、それぞれの役割という責任を果たしたとき、チームとして大きな成果をあげるのです。

解説３▼関係性の責任を果たす

組織を率いる管理職は、自らの職場やチームを「成果をあげる集団」に変革するため、何をすれば良いのでしょうか。第1に、チームメンバーの強みや仕事の目標、仕事の仕方を理解し、部下に期待していることを知らせること。第2に、自らの価値観、目標、仕事の仕方、これから行おうとしていることを、関係者それぞれに知らせること。第3に、関係する他部署や他社のチームの関係者にも、同様に自分を理解してもらえるように努力することです。

ただし、こうしたリーダーの行動だけでは十分ではありません。職場やチームのメンバー全員が、組織内で共に働く人の強み、仕事の仕方、価値観を知らなければならないのです。このように組織内の人間関係について、メンバー一人ひとりが持つ責任のことを、ドラッカーは「関係にかかわる責任」と表現しています（『明日を支配するもの：21世紀のマネジメント革命』p.219）。成果をあげる職場・チームは、「神々が見ている」というマインドを持ち、お互いの信頼に基づく健全な人間関係をよりどころにしてつくられるのです。

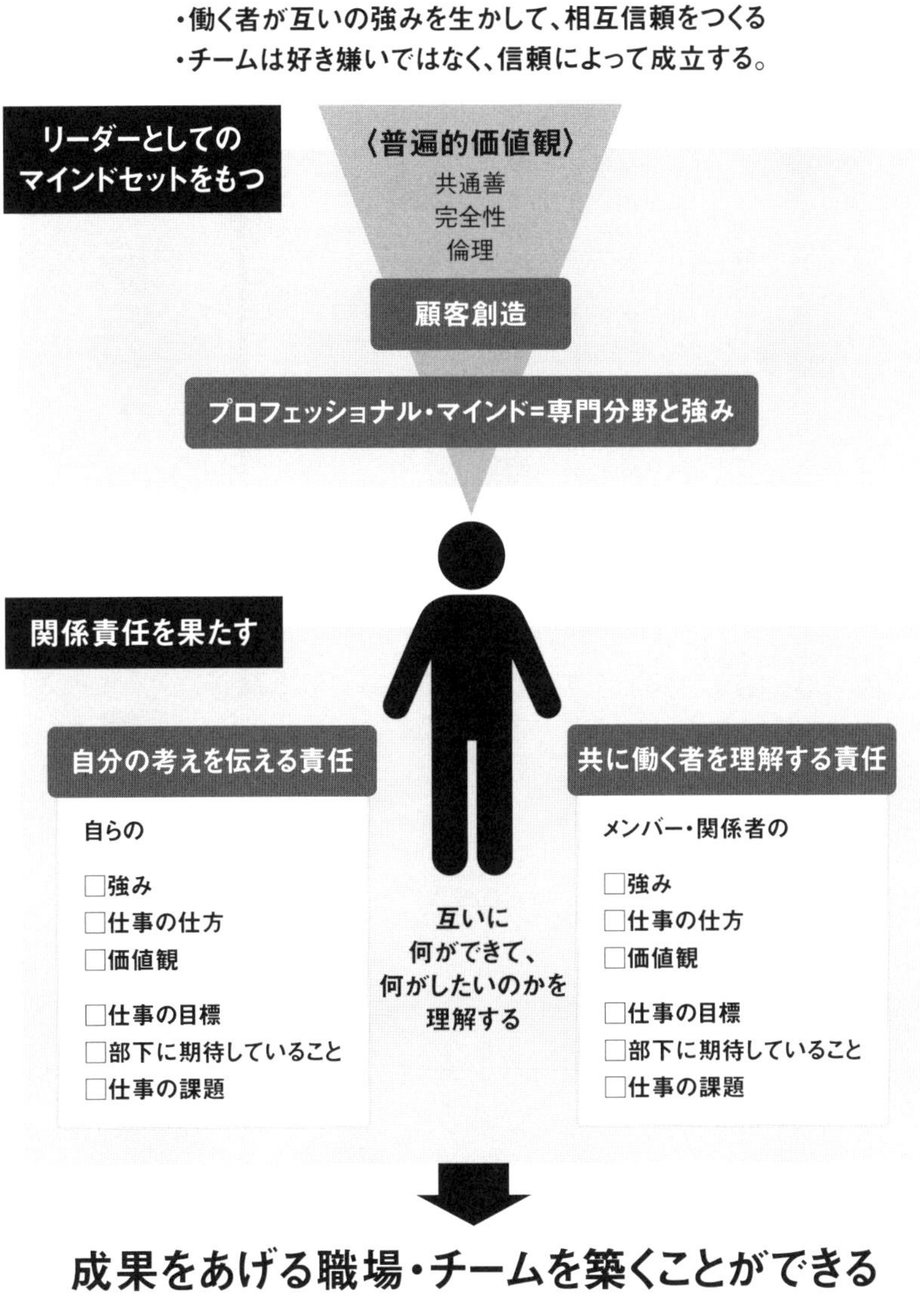

図 2-8　チームメンバーとの関係責任を果たしているか（問７）

第5節 第二の人生を築く問い

問8 第二の人生に取り組んでいるか

相談者 **電子部品メーカー、情報企画部、マネジャー**

ＩＴやデジタル系人材の不足は我が社も同じです。一方で、我が社は副業が解禁になり、友人のＩＴ会社から副業の打診を受けています。

筆者 副業の打診を受けるつもりですか?

相談者 今の会社にいつまでいるかは分かりませんが、いわゆる第二の人生を見据え、転職か副業かを考えてみたいのですが、そもそも第二の人生にどのように取り組んだらよいのか分かりません。

筆者 そうですか。今後のことも見据えて、一緒に第二の人生について整理しておきましょう。

解説1▼第二の人生とは、必要な経営者マインド

確かに日本の労働市場は流動性が増し、多様性もこれまでの比ではなく、会社内での処遇も終身雇用を前提としたものからジョブ型、成果主義に一段と傾斜していると思います。このような激変する労働環境では、個人の強みの生かし方も変化せざるを得ません。自ら経営者マインドを持って自らの強みと得意な働き方を生かし、副業や転職も含めて、仕事の形態を自ら設計し計画して取り組むという、個人であっても経営者的な働き方・生き方が求められています。このような経営者マインドは、いわゆる第二の人生と呼ばれる働き方・生き方の中でも必要となる考え方でもあります。

第二の人生には、いくつかのパターンがあります。①退職後にフリーランスや起業することで独立する、②退職後に非営利組織で働く、③在職中にボランティア活動を行う、④在職中に副業を行う、⑤転職を繰り返す、などです。中でも若いときから在職中にボランティア活動や副業を行うことは、パラレル人生という第二の人生の一つの形です。

また第二の人生には、本業とは性質が異なる自己管理と仕事の責任という、特有の課題が生じます。副業を例にとれば、時間管理、経費管理、健康管理は、企業に勤めている際の管理とは異なる、自己管理ならではの難しさが生じます。これは、まさにベンチャー起業家が創業期に誰もが体験する課題です。さらに、仕事の責任は本業と副業のそれぞれに生じます。守秘義務など新たなコンプライアンス上の課題も生じます。副業で頑張れば、知識・スキルの習得や人脈の拡大などメリットがある一方、

休日も返上で仕事をすることになりがちで、本業にしわ寄せがいくことも考えられます。

解説2▼チームリーダーの体験を積み経営者マインドを養う

第二の人生を成功させるには、何らかのチームを率いた経験を持つことが欠かせない、と筆者は考えています。チームを率いて何らかの成果を出した成功体験を持っている方は、第二の人生の成功確率は高いといえます。このようなチームリーダーとしての経験を得るには、本業に在職中であることが近道でもあります。

P&Gでは、ブランドマネジャーとなり1つのブランドを仕切れるようになると一人前だといわれています（『P&G式　世界が欲しがる人材の育て方』p.82）。ブランドマネジャーは、開発部門、営業部門、事務管理部門など部署横断的なマネジメントを行います。このような部署横断的なプロジェクトチームを率いるには、職場の上下関係とは別の能力が必要です。業務改革やDXが叫ばれる今日では、部門横断的なプロジェクトの一員になることは珍しいことではありません。在職中にチームリーダーとしての経験を積むことは、経営者的な感覚を磨くことにつながり、ひいては自らをマネジメントする第二の人生の選択肢を広げることになります。

解説3▼第二の人生の助走期間

第二の人生の選択肢は多様ですが、全員が成功するとは限りません。副業・フリーランス・転職・

起業・ボランティアなど、選択肢が多いだけにうまくいかないことも少なくありません。

17歳から自立し貿易商社見習いから新聞記者を経て大学講師、教授、コンサルタントと、自らキャリアを開発することで文筆家というライフワークを得たドラッカーの言葉に耳を傾けてみましょう。「しかし、第二の人生をもつには、一つだけ条件がある。本格的に踏み切るはるか前から、助走していなければならない。」（『明日を支配するもの』p.229）と述べているのです。ドラッカーの場合は、小学生のときに字は下手でしたが、本を読むことと作文は先生に褒められた経験がありました。これが彼の生涯を貫いた強みであり、それを生かして社会に貢献した一人でした。自らをマネジメントするということは、ドラッカーのように小学生時代の強みを伸ばすことも有効かもしれません。

自らが自然体で取り組める強みの能力を開発し続けることで、第二の人生を切り開く可能性もあります。どれだけの経済的なメリットが得られるかどうかは分からないとしても、自らを成長させるキャリア形成の選択肢は増しています。筆者の場合は、独立するために5年間の準備期間を要しました。それは、自らの社会的な評価を高めるためでした。現在の仕事を第二の人生の助走期間であると考えることが大切です。副業をするにしても、現在の仕事をないがしろにすることがあっては、自らの成長にプラスになりません。第二の人生の助走期間を意識して、強みを伸ばすことを考えることが重要なのです。

第二の人生を築く　チェックリスト
下記に沿って考えましょう

□ボランティア活動
□新しい知識・スキルの修得（資格取得）
□社内の人脈づくり
□社外の人脈づくり
□副業をする
□積極的な人事異動の自己申告活動
□業界紙への投稿
□自らの専門性を磨く（専門家との相互研鑽）

〈行動計画〉1カ月の投入資源	時間	投資
1. ボランティア活動		
2. 新しい知識・スキルの修得（資格取得）		
3. 社内の人脈づくり		
4. 社外の人脈づくり		
5. 副業をする		
6. 積極的な人事異動の自己申告活動		
7. 業界紙への投稿		
8. 自らの専門性を磨く（専門家との相互研鑽）		
合計		

図 2-9　第二の人生に取り組んでいるか（問 9）

第2章のまとめ

本章でぜひ押さえてほしいのは、個人の「強み」には、「正しい強み」と「正しくない強み」があるということです。正しい強みは、普遍的価値観（完全性・共通善・倫理）に照らしたフィードバックからつくられます。個人を利他の心で成長させ、組織をより公的な機関として社会に貢献させ、その成果がより良い社会をつくる。これが現代の社会を成り立たせている基本原則であり、この原則に反した組織は社会で生き残れません。このような成長と貢献の好循環は、一人ひとりが次のような手順を意識して実践することで可能となります。

1・正しい問い（Question）・・・本章［問1］で価値観のズレを修正します。

2・正しい答え（Answer）・・・より良い価値観に沿った答えを考えることで、取り組むべき目標と課題を明らかにします。

3・正しい道具（Tools）・・・目標と課題を達成するためには、使うべき適切な道具を選ぶことが大切です。ドラッカーが体系化したマネジメントには、OOMD（第4章第4節参照）などの道具があります。本書の中には、たくさんの道具が入っています。

4・正しい使い方（How to）・・・適切な道具を得ても正しく使わなければ、正しい結果・

良い成果は生まれません。

5・正しいフィードバック（Feedback）・・・本章［問2］で正しいフィードバックの方法を学びます。

これらの5つのプロセスを繰り返しますので、マネジングワンセルフ・サイクルと呼ぶのがふさわしいと思います。QATHF（クワット・フーフー）と覚えましょう。

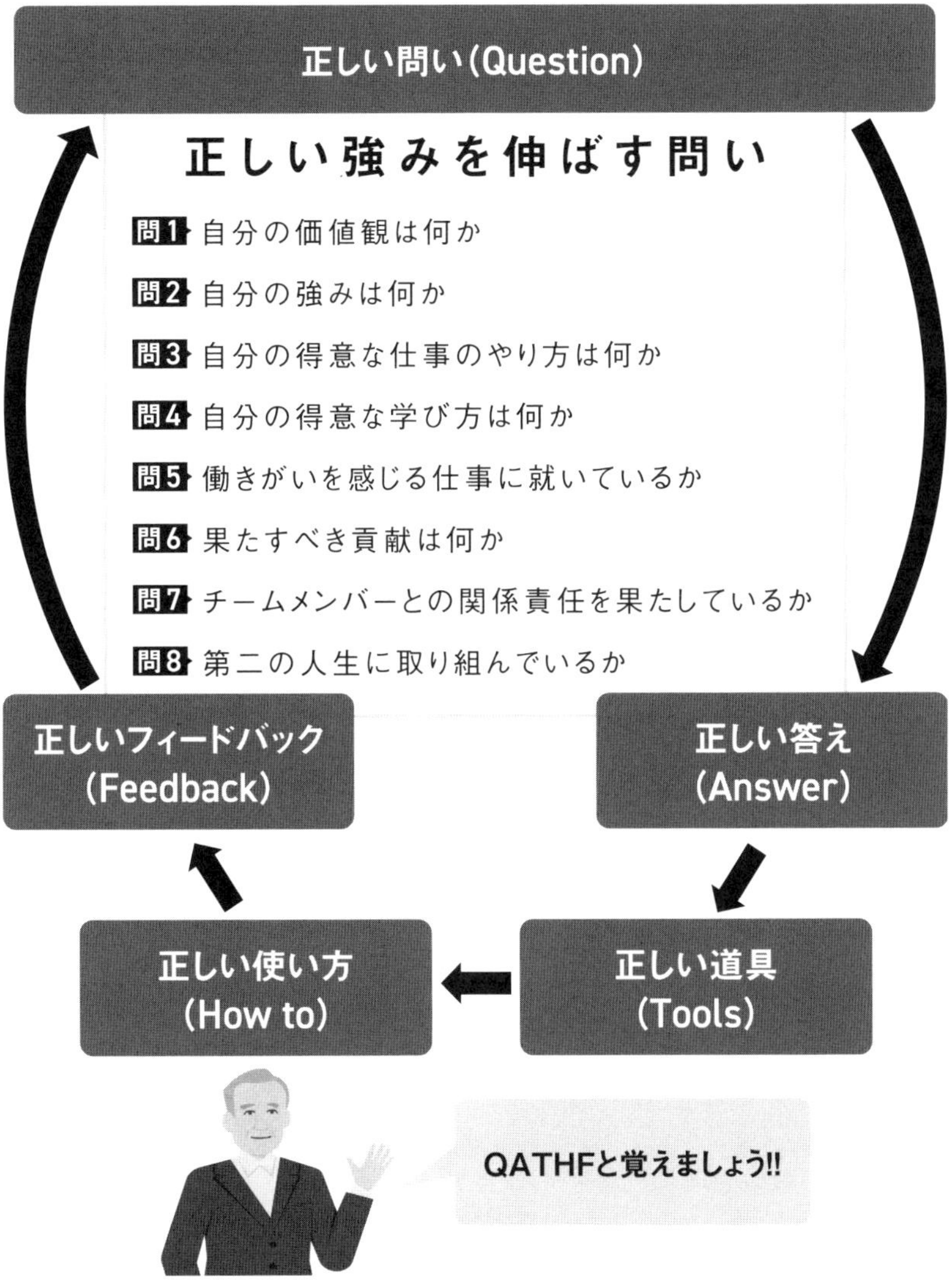
正しい問い（Question）
正しい強みを伸ばす問い
問1 自分の価値観は何か
問2 自分の強みは何か
問3 自分の得意な仕事のやり方は何か
問4 自分の得意な学び方は何か
問5 働きがいを感じる仕事に就いているか
問6 果たすべき貢献は何か
問7 チームメンバーとの関係責任を果たしているか
問8 第二の人生に取り組んでいるか
正しい答え（Answer）
正しい道具（Tools）
正しい使い方（How to）
正しいフィードバック（Feedback）
QATHFと覚えましょう!!

図 2-10　第 2 章のまとめ：正しい強みを伸ばし自分を成長させるマネジングワンセルフ・サイクル

第3章

職場やチームが成果をあげる「正しい問い」

第３章のねらい

第3章では、ドラッカーが長年にわたり多数の営利・非営利組織のコンサルティングをする際に使用していたとされるマネジメント・スコアカード（MSC）の基本計画のフレームワークに沿って、「職場やチームが成果をあげる」ための基本と原則の中でも、最も重要度が高い問いとその使い方を学びます。

職場・チームの成果に責任を持つ基本スキルを学ぶ

専門家集団、すなわち技術者・職人・研究者・アーティスト・クリエーターなどのスペシャリストから成る職場やチームは、一人ひとりを見れば、とびぬけた才能や技能を持っています。この場合にも第1章第3節で説明した「3人の石工」という専門家集団の話がそのまま通じます。（専門家集団で働く）一人ひとりの強みを、ある目的を実現するためにまとめ上げ、成果をもって社会に貢献するプロチームのリーダーには、3番目の石工であるマネジメントが不可欠です。

マネジメントは、組織が成果をあげるために必要なリーダーシップなどの「機能」であると同時に、リーダーシップの担い手を表す言葉です。これから分かるように、職場・チームを率いるリーダーでもあるマネジメントとして、自分を成長させるためには、「職場・チームの成果に責任を持つ機能」

とは何かについて、しっかりと学び、実践することが大切です。専門家やスペシャリストばかりでは、職場・チームの成果に対する責任（品質、納期、予算など）が曖昧になりがちです。チームがつくる成果を構成する一部分が優れていても、全体では期待値を満たさない場合があります。専門家やフリーランス、起業家社会だからこそ、職場・チームをマネジメントするMSCの基本計画を本章で学び、その機能を担うことが不可欠なのです。

職場やチームが「共通の問い」で成長する

コンサルティング業を営む筆者は、クライアント企業の経営層などから「会議で決めたことでも、出席者の理解に温度差があり、期待した活動に結びつかず成果がでないことが多い」との悩みを聞きます。全ての会社がそうとは言いませんが、このような「理解の温度差」を無くすにはどうしたらよいでしょうか。ドラッカー流の処方箋は、「経営層はもちろん、社員全員がMSCの基本計画（普遍的価値観、信条、5つの重要な問い）を書いて覚える」ということです。少なくとも職場やチームのリーダーは、そうしなければ、この温度差はなくなりません。

ドラッカーが「間違った問題（the wrong question）への正しい答えほど、実りがないだけでなく害を与えるものはない」（『マネジメント』［中］p.122）としているとおり、職場やチームを率いるリーダーが、組織をより良くする問い（課題設定）を間違えると、つき従う人たちに害を与えることになりかねません。底が抜けたバケツで水汲みを指示していることを自戒しなければならないのです。

職場やチームが成果をあげ、自らを成長させる「正しい問い」を知る

世界のリーダー的な存在を目指して

第1節・第2節［理論編］

第1節＊職場やチームの基本計画（事業の定義・5つの重要な質問）**をつくる**

［価値観・信条］…普遍的な価値観・真摯さ・利他の心・貢献人

問0 ［事業の定義］…職場・チームの本業は何か

問1 （当面の）目的・ミッションは何か

問2 顧客（仕事と成果の受け手）は誰か

問3 顧客にとっての価値は何か

問4 我々の成果と測定指標は何か

問5 我々の活動計画は何か

第2節＊部分最適を通じて全体を最適化する

↓

第3節［ケース編］基本計画のつくり方を学ぶ

［ケース1］新事業開発チーム

［ケース2］DX推進チーム

↓

第4節［使い方編］UPDCAを実践する

［理解：UNDERSTAND］事業全体の基本計画を理解する

［計画：PLAN］職場・チームの基本計画を作成する

［実行：DO］基本計画を実行する

［評価：CHECK］実行状況を評価する

［改善：ACT］基本計画を改善する

図 3-1　第 3 章のポイント

第1節

理論編1

MSCの基本計画をつくる

ＭＳＣの基本計画とは、いわゆる事業戦略のことを指します。ドラッカーが語ったように「事業の目的は顧客創造」をすることであり、「戦い」を意味する戦略という言葉は使用しなくてもいいとの判断から、ＭＳＣでは基本計画と記述します。

70年前にサステナブル経営とパーパス経営を説いたドラッカー

近年は多くの企業が、全社の基本計画である中期経営計画の中に「サステナブル（持続可能な）経営」、「パーパス（目的志向）経営」の考え方を取り入れています。これらの考え方は、21世紀になってからブームになったものですが、元々ドラッカーが著した１９５４年発行の『現代の経営』と１９７３年発行の『マネジメント』におけるＭＳＣの説明に組み込まれていたものです。サステナブル経営は、理想的な組織の一つのあり方です。普遍的価値（完全性・共通善・倫理）を前提にして事業を定義した後、5つの重要な問い（質問）に答えることで、職場とチームの基本計画をつくります。これはまさに、職場・チームのリーダーである管理職の仕事です。以下、順に説明していきます。

問0 【事業の定義】あなたの職場・チームの本業は何か

事業の定義とは、長期を見据えた持続可能な特定の分野に限定されない本業の定義であり、第1章で示した「マネジメントゼロ」に相当するものです。

「自分は何者か」「自部署の本業は何か」を問い、自らの専門性・強みを問う、最も重要な問いです。考える手順としては、現在の姿を考え、未来の姿を予想し、あるべき姿を考えるという手順です。

（1）我々の事業は何か（is）…現在はどのような事業だと考えているのか。

（2）我々の事業は何になるか（will be）…将来の市場環境や顧客の変化、競争関係の変化を考慮するとどのように本業が変化していくのか。

（3）我々の事業は何でなければならないか（should be）…将来の経営環境の変化に対応するためにどう本業を変化させるべきか。

まずは事業の定義について仮説を立ててみて、次の問1～5の答えを考える過程で、この仮説に立ち返る、といった思考を繰り返しながら、事業の定義をより現実的で持続可能なものに磨きあげていくイメージです。事業の定義は、経営環境の変化に合わせて変化させることが重要です。

問1 目的・ミッションは何か

事業の定義を受けて、「当面（短期的に）注力すべき目的・ミッション」を明らかにするのがこの問いです。例えば、「事業の定義：全社的な業務改革を推進する」としたとき、数年先の目標として「我が社の生産管理業務を改革する」を挙げるイメージです。

問2 顧客は誰か

この問いの答えは、あなたの職場・チームすなわち「あなたの組織は、誰を満足させたとき成果をあげたと言えるか？」（『経営者に贈る5つの質問』p.26）を考えることで明らかになります。仕事の成果の受け手が、職場・チームにとっての顧客となります。例えばスマートフォンのメーカーにとって最も重要な顧客は、私たち利用者一人ひとりです。これを「主たる顧客（主顧客）」といいます。一方、スマホを販売するためには、携帯ショップなどの販売会社との連携が不可欠で、こうした企業もスマホメーカーによる成果の受け手です。これを「支援顧客」といいます。

問3 顧客にとっての価値は何か

例えば、ドリルメーカーにとっては、支援顧客であるホームセンターにドリルを買いに来た主顧客は、「穴を得たい」という利便を価値としています。ドリルは、その目的を達成するための道具です。事業の目的は顧客の創造ですから、顧客にとっての価値をどのように捉えているかは、我々の事業の成否を決める決定要因というべきものです。ドリルメーカーとしては、ドリルのユーザーである主顧客と流通事業者など支援顧客にとっての価値を満たすことが理想です。

問4 我々の成果と測定指標は何か

ここで問われている「成果」とは、「問3」の道具にあたるドリルの仕様（寸法や重量など）です。顧客に提供する商品やサービスの仕様条件（衣料の場合、素材、色、サイズ、価格など）を決めることで成果を定義します。さらに、その成果が、顧客の要求を満たしていることをどのように測定するのか、そのときの尺度（測定指標）は何か、も問われています。測定指標は、「顧客満足度」「口コミ数」「リピート購入率」も有効です。測定指標には、出荷数（アウトプット）と顧客による購入数（アウトカム）があります。

問5 我々の活動計画は何か

目的・ミッションを実現するためのアクションプランを考え、成果をあげるための主要な活動を明らかにします。顧客の要求を満たすため、商品やサービスをつくり市場に供給するために、それらの進捗を明らかにし評価しフィードバックを得るためには、職場・チームとしてどのような仕事を優先すべきかを検討します。この5つの重要な質問（問い）に答える時点では、活動計画の記述は概要程度にとどめておいても構いません。この後、8つの重要領域目標（第4章）を検討する際に、具体的な仕事を明らかにします。

MSCはサステナブル（持続可能な）経営を実現するフレームワーク

普遍的価値観・信条
この項目は変更しない。追加は良い

組織全体のパーパス（purpose）を組み込む

MSC基本書式（基本計画）

価値観・信条	普遍的価値観（完全性・共通善・倫理）・真摯さ・利他の心・貢献人
事業の定義	我々の職場・チームの本業は何か（自分は何者か）

5つの重要な質問

1. 目的・ミッション	我々は何をもって（組織・社会に）貢献するのか
2. 顧客は誰か	主顧客：
	支援顧客：
3. 顧客にとっての価値は何か	主顧客：
	支援顧客：
4. 我々の成果は何か	成果（商品・サービス）：
	測定指標：
5. 我々の活動計画は何か	1. 社会貢献・顧客創造
（重点活動）	2. マーケティング
	3. イノベーション
	4. 人的資源
	5. 経営資源の投資（情報／DX投資含む）

図 3-2　ＭＳＣの基本構造

第2節

理論編2

部分最適を通じて全体を最適化する

職場やチームがMSCを実践することで、職場とチームの仕事ぶり（パフォーマンス）改革による成果の向上が期待できます。こうしたMSCの効果に対して、読者から次のような反論があるかもしれません。MSCを通じて職場・チームといった企業の一部分が良くなったとしても、いわゆる部分最適には限界があり、全体最適で進めなければ、全社レベルでは成果が出ずに失敗に終わるのでは、というものです。確かに一理ありますが、実はMSCをうまく使えば、こうした失敗を回避しやすくなります。部分最適と全体最適は、必ずしも相反するものではありません。本書で説明するMSCは、組織の一部分である職場やチームで使用し、部分最適を積み重ねることで、企業全体をより良くできる構造を持っています。

元々、ドラッカーが説いているMSCの活用範囲は、経営トップから現場担当者まで広く含まれます。それぞれの立場からMSCを使い、小さな改革を積み重ねることで、より良い組織をつくり、より良い社会づくりに貢献しよう（第1章参照）、というのがドラッカーの意図です。例えるなら、病んだ人が治療を受けリハビリをしながら少しずつ良くなり、やがて健康的な生活を送れるようになるまで回復することに似ています。

ドラッカーが考えたMSCの要諦は、そもそも普遍的な価値観を重視する立場で、経営の基本計画を考えることにあります。SDGsが示すような社会課題の解決に貢献することが、基本計画の大前提にあるということです。そこがブレない軸となっているので、階層別組織の中にあっても、縦と横との連携が組みやすく、社内だけでなく社外のチームとの連携もとりやすい構造になっています。組織のどの部分からMSC経営を始めても問題なく、連携先の個人や、部署と常に連携しながら全体最適に向かえるということです。

社外との連携にもMSCは有効

企業において部分最適が問題になるのは、社内組織同士の関係ばかりではありません。あるメーカーの仕入調達部門が、自部署の業務改革として、発注業務の改革を行う場合に、仕入れ先との連携がうまくいかないという問題がよく起こります。発注者と受注者とで、商品情報のデータ仕様（商品コード、商品名、商品単価、標準荷姿、標準納期など）にズレがある場合、たとえEDI（電子データ交換）システムなどで取引のデジタル化を進めていたとしても、受注会社側で商品情報を社内向けに翻訳するなどの手間が発生します。これを無くすためには、商品情報を定期的にすり合わせたり、商品情報を共有したりといった業務改革やシステム連携ができるかが重要になります。

それを可能にするには、互いの部署が考えていること、つまり目的・ミッションにあたる「どのような業務改革が良いのか」「業務のあるべき姿は何か」「互いの情報連携の最適なやり方は何か」を互いの部署（仕入部署対営業部署）が明確にして信頼関係を築くことが有効です。先方とこうした点をすり合わせる前に、MSCでまとめた職場・チームの基本計画、つまり「事業の定義」「目的・ミッションは何か」「顧客は誰か」「顧客にとっての価値は何か」「我々の成果は何か」といった問いへの答えを明確にしておけば、社外連携の打ち合わせをスムーズに進めることができます。

MSCが縦と横、社内と社外の壁を壊せるのはなぜか

多くの会社がセクショナリズムで悩んでいます。ドラッカーの処方箋であるMSCには次の効能があります。MSCの基本計画を実践することで、第1に、普遍的価値観と信条、事業の定義などを共有する思考が働き、セクション特有の価値観やマインドを乗り越えやすくなること。第2に、互いが顧客であることに気づくと同時に、他部署にとっての価値を考えられるようになること。第3に、他部署の期待に沿った成果や情報を提供しようというマインド（信条：利他の心・貢献人など）が自然に湧いてくるようになることです。これについては、第4章［問29］で詳しく説明します。

MSCの概要を学んだところで、実際のMSC経営について、次節で具体例を紹介しましょう。

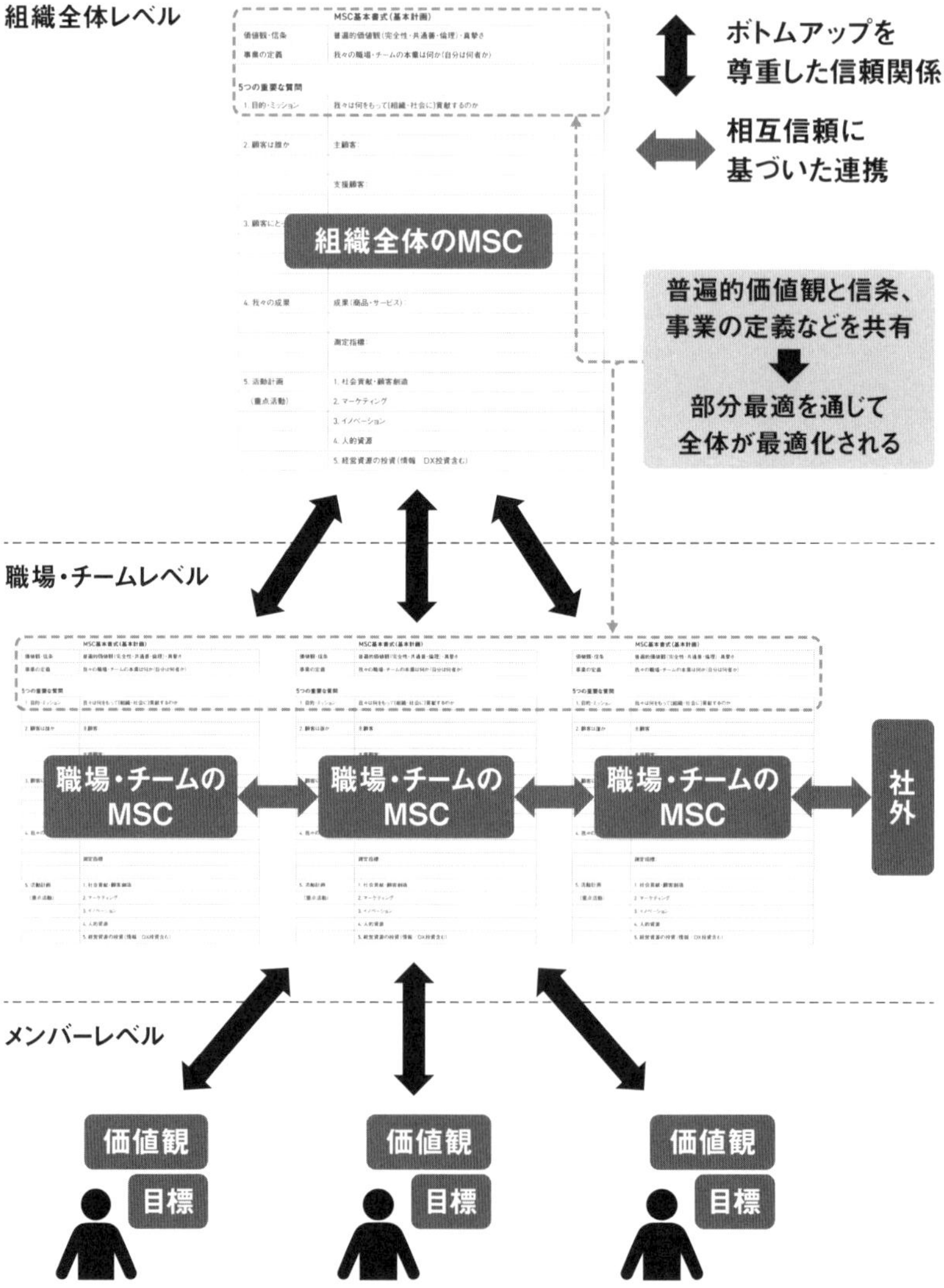

図 3-3　全体最適を実現する部分最適の連携、
普遍的価値と共通目的に基づくＭＳＣ経営

第3節 ケース編
MSC基本計画のつくり方を学ぶ

ケース1・新事業開発チームのMSC基本計画

相談者　**産業機械メーカー、新事業開発チームリーダー**

我が社は、海外売上高30％の製造業で、食材品質検査機器や食材選別ロボット、水処理施設に使われる機械などを製造しています。過去15年、ヒット製品がありません。社長から新事業を開発するようにと、担当役員を中心にチームが組まれ、私はチームリーダーに指名されました。このチームで何をしていくべきかを考える立場になりましたが、私自身は営業畑が長く、何から手をつけたらいいのか分かりません。

筆者　まずMSCに沿って、事業の定義と5つの重要な質問（問い）について考えてみましょう。

問0 ［事業の定義］職場・チームの本業は何か

相談者 新事業開発チームなので、本業は「会社の業績向上のための新事業開発」ではないかと思います。

筆者 もう少しインパクトのあるものを考えてみましょう。事業の定義は、普遍的な価値を意識した多少背伸びをしたものである方が、職場・チームがより良い組織に成長し、より良い社会をつくる存在になる可能性が高まります。ドラッカーの「人生を変えた7つの経験」にもあった「何によって憶えられたいか」という話の実践です。チームリーダーであれば、自ら起業するつもりで考えてみましょう。例えば「社会課題を解決する新事業を開発する」としてはいかがでしょうか?

問1 チームの目的・ミッションは何か

相談者 既存市場への参入ではなく、新たな市場を開拓する、ではどうでしょうか。

筆者 方向性は良いのですが、もう一段深掘りしましょう。新市場の中身を具体化するため、自社の商品、技術、市場、流通分野における強みを見てみる必要があります。他社より圧倒的に優位にある商品、技術分野、市場、流通ルートがあれば、それが強みです。例えば、食品メーカー向けの食材品質検査機器や食材選別ロボットなど、具体的に想定される商品・サービスが、目的・ミッションと重ねてイメージされることで計画の内容が明確になります。他にも水処理施設に使われる機械を製造している強みがあるのですから、SDGsの目標6「すべての人々に水と衛生へのアクセスを確保する」ことに貢献する新事業を開発する、とする案もあります。もし、Tシャツに書くことを想定するなら、「すべての人々に水と衛生を！」とシンプルな文言にするのもいいですね。

新市場の開拓にあたっての基本は、会社の強みである技術や製品と関係する分野を検討することです。社内のマーケティング部門や商品企画部門の話をまず聞いてみましょう。これは、前例に従うという意味ではなく、今後のための根回しに近い活動です。新事業開発チームが横ぐしを通すかたちで、技術部門、営業部門、IT／DX（デジタルトランスフォーメーション）部門とも連携して、新事業開発を統括し、目的・ミッションを実現する、といった未来の姿をイメージしやすくなります。

問2 顧客は誰か

相談者 徐々に視野が広がってきました。「すべての人々に水と衛生を！」をミッションにした場合、想定される顧客は「途上国の住民」でしょうか？

筆者　新規事業の立ち上げに当たって大切なのは、自身がその事業にワクワクすることです。どのような顧客を想定すると、「社会をより良くできる」のか、といったワクワク感を持てるかどうかが重要です。第1節で見たように、顧客には、主たる顧客と支援顧客がいます。主顧客としては、当面は途上国としておくとしても、将来的には難民居住地域に住む人々など、安全な水と衛生環境に課題をもっていて主顧客になり得る人々が他にいるかもしれません。まずは、アクセスが可能という意味で、途上国の人々としておきましょう。もちろん、対象顧客の軌道修正はこの先可能です。支援顧客については、プラント建設会社、建設コンサルタント会社、マスメディア、所轄官庁などが挙げられます。

問3　顧客にとっての価値は何か

相談者　主顧客にとっての価値といえば…安全な水を飲めること、ではないでしょうか？

筆者　的を射ていますね。おっしゃる通り、主顧客である途上国に住む人々にとっての価値は、安全で衛生的な水を飲めたり利用したりできることです。一方、新事業を立ち上げるに当たっては、支援顧客にとっての価値も考える必要があります。例えばプラント建設会社にとっては、新市場開拓と売り上げ獲得、マスメディアにとってはＳＤＧｓ目標６の社会への告知、所轄官庁にとっては、日本国の国際的地位の向上などが考えられます。

問4 チームの成果と測定指標は何か

相談者 新規事業における成果の測定指標といえば、売上高などでしょうか

筆者 もちろん売上高は指標の一つですが、それだけではありません。順を追って整理しましょう。まず、重要な成果の一つに、小型かつ安価な汚水処理飲料精製装置（以下、コア商品）があります。小型の程度は、今後の設計段階で詰めていきましょう。仕様としては汚水処理にとどまることなく水質安全基準をクリアする高品質の飲料水を精製できる性能や環境に配慮した商品であることがポイントになります。測定指標としては「水質安全基準を合格すること」は必須です。これに加え、新規顧客数と先に挙げた売上高や利益率、そして利用者の満足度（使いやすさなど）を設定することで、製品を市場に投入した後の新規事業の進捗を見ていく必要があります。測定方法については、生産や販売情報および顧客へのアンケート調査の情報などを分析する活動などがあります。

問5 チームの活動計画は何か

相談者 当初の活動は、製品の仕様を決めるためのマーケティングと、新商品開発がメインとなりそうです。

筆者

その通りです。この辺りは、マーケティング部門や商品企画、技術開発・設計部門、生産技術、営業部門、IT／DX部門とのCFT（クロス・ファンクショナル・チーム）で進めます。当面の活動計画としては、顧客・市場ニーズ分析、新事業計画の策定、ビジネスモデルの構築、新規市場・新規顧客の開拓、コア商品開発計画の策定、コア商品の試作と評価、イノベーティブ人材（リーダー、プロマネ）の育成と評価、技術力や営業基盤の有効活用が挙げられます。これまで事業の定義と5つの重要な質問（問い）への回答を次ページのMSCに記載しましたので、参考にしていただければと思います。

新事業開発チーム（リーダー、課長）

価値観・信条	普遍的価値観（完全性・共通善・倫理）・真摯さ・貢献するチーム
事業の定義	社会課題を解決する新事業を開発する

5つの重要な質問

1. 目的・ミッション	途上国の人々に水と衛生へのアクセスを確保する新事業を開発する （SDGs目標6：すべての人々に水と衛生へのアクセスを確保する）
2. 顧客は誰か	主顧客：①途上国の人々
	支援顧客：①プラント建設会社
	②マスメディア　③所轄官庁
3. 顧客にとっての価値は何か	主顧客：①途上国の人々…安全で衛生的な水
	支援顧客：①プラント建設会社…新市場開拓と売上獲得
	②マスメディア…SGDs目標6の社会への告知
	③所轄官庁…日本国の国際的地位の向上
4. 我々の成果は何か	成果（商品・サービス）：①小型汚水処理飲料精製装置
	②装置設置保守サービス
	測定指標：①小型汚水処理飲料精製装置出荷台数　②水質安全基準の合格
	③利用者満足度　④売上高・利益率
	測定方法：各イベント・アプローチごとの顧客アンケート
5. 我々の活動計画は何か	1. 顧客・市場ニーズ分析
（重点活動）	2. コア商品企画・コンセプトテスト・ビジネスプロセス設計
	3. 新事業計画策定・ビジネスモデルの構築
	4. イノベーティブ人材育成（リーダー、プロマネの教育・評価）強化
	5. 技術力や営業基盤の有効活用

図 3-4　ケース 1・新事業開発チームの MSC 基本計画

ケース2・DX推進チームのMSC基本計画

相談者　消費財メーカー、DX推進チームリーダー

我が社は、海外売上高20％の消費財メーカーです。国内市場が縮小する中、今後は海外売上高比率を伸ばしていきたいと考えており、基幹システムの再構築をはじめ、業務改革やデジタル人材の育成にも積極的に投資をすることで経営改革を進めたいというのが会社の方針です。

問0 【事業の定義】職場・チームの本業は何か

相談者　海外売上高を伸ばすという会社の方針があるので、DX推進チームがまず本業とすべきは、営業力の強化だと思います。

筆者　もっと広く考えてみましょう。営業力の強化は、営業本部の仕事です。DX推進チームの本業は、中長期の視点から全社的なDX[注1]を推進するということではないでしょうか。このチームを設置した経営者の狙いはここにあるはずです。例えば、「経営改革に貢献するDX推進サービスの提供」としておきましょう。

問1 チームの目的・ミッションは何か

相談者 「経営改革に貢献するDX推進サービスの提供」が本業となると、目標は営業支援システムの構築ということになりますか？

筆者 営業力を強化するという意味で、営業支援システムの構築というのは外れてはいません。しかし、もっと優先しなければならない経営課題がありますね。受発注や生産、会計といった基幹業務の業務改革であり、これらの業務を担う基幹システムの再構築であり、そのためのデジタル人材の育成です。当面取り組むべき目的・ミッションとして、一つの案ですが、「基幹システムの再構築とデジタル人材を育成し海外売上高の向上に貢献する」とするのはいかがでしょうか。目的・ミッションを聞けば、すぐにチームの目的が分かります。それだけ、チーム内での温度差がなくなり、他の部署の誤解も減り、協力を得やすくなります。

問2 顧客は誰か

相談者 DX推進チームの顧客とは……やはり、我が社の製品の利用者でしょうか？

筆者 一つはその通りです。DXを進める中で、Webアプリやスマホアプリなどを通じ、顧客と直接やり取りをすることもあるでしょう。これに加えて、基幹システムの構築・運用を担うIT／DX推進部門の主たる顧客には、IT／DXサービスのユーザーである経営者、社員、取引先があります。まず優先して考えるべきは、主たる顧客のニーズに応えることです。支援顧客については、彼らの強みを引き出し、良好なパートナーシップを構築することで、DX推進チームの目的・ミッションを実現することとなります。

問3 顧客にとっての価値は何か

相談者「顧客」が社内の経営者や社員だとすれば、使いやすい業務システムを求めていると思います。

筆者その通りですが、この機会に整理しておきましょう。この問いの答えも、主顧客と支援顧客のそれぞれにとっての価値を整理する必要があります。主顧客である自社の経営者や社員にとっての価値は、営業力の強化や海外売上比率の増加など、業務課題の解決です。取引先にとっての価値は、事業取引による社業の発展です。そして製品を購入した顧客にとっての価値は、利便の向上、ひいては人生の質の向上などが考えられます。また、支援顧客であるDXパートナー（ITベンダー、ITコンサルなど）にとっての価値は、基幹システム再構築の実績、新たな業務知識・業界知識・技術の習得、システム開発の売り上げなどが考えられます。

問4 チームの成果と測定指標は何か

相談者 チームの成果は基幹システムの再構築、測定指標は予算と納期の順守でしょうか？

筆者 チームの成果は、基幹システムの再構築、事業部門の業務改革支援、デジタル人材の育成が挙げられます。支援というのは、コンサルテーションや教育などで支援することを指します。これらが目的とミッションを果たしているかどうかを測定する指標として、例えば基幹システム構築の進捗率、構築済みシステムの満足度、事業部門の業務改革への貢献度やデジタル人材育成数が挙げられます。測定方法としては、IT／DXサービス貢献度調査、研修後の受講者貢献度調査などがあります。

問5 チームの活動計画は何か

相談者 そうすると、チームの活動計画も当初考えていたこととは変わってきます。

筆者 そうですね。問4で決めた成果の定義から、チームの活動計画が見えてきます。

基幹システム再構築、デジタル人材育成を目的・ミッションと定義すると、デジタル技術の活用推進、ＤＸサービスの貢献度の向上、ＤＸ基本計画の策定（ロードマップ、投資額、推進組織など）、事業革新支援サービスの提供、全社デジタルリテラシーの向上とＩＴ／ＤＸ部門専門教育の推進、生産性改革の推進（経営資源、知財、業務プロセスなど）といった項目が、当面の重点的な活動計画（次ページ参照）となります。

注1　多くの企業が、社内でＤＸへの正しい理解が広がらないことに課題をもっています。話を整理するため、経済産業省の「ＤＸの定義」をみてみましょう。「企業がビジネス環境の激しい変化に対応し、データとデジタル技術を活用して、顧客や社会のニーズを基に、製品やサービス、ビジネスモデルを変革するとともに、業務そのものや、組織、プロセス、企業文化・風土を変革し、競争上の優位性を確立すること」（『デジタルガバナンス・コード2・0』2022年9月13日改訂、経済産業省）としています。この定義からもわかるように、ＤＸは単に「データとデジタル技術を活用する」ことにとどまりません。「顧客や社会のニーズを基に」（ＭＳＣでは、事業の定義・目的ミッションに該当する）、「製品やサービス、ビジネスモデルを変革し」（顧客は誰か・顧客にとっての価値は何か・我々の成果は何か）、「業務そのものや、組織、プロセス、企業文化風土を変革し」（我々の活動計画は何か）、「競争上の優位性を確立する」（事業の定義・目的ミッション・我々の成果）となります。ＭＳＣのフレームワークでＤＸを推進することは、ＤＸへの理解を深めるうえで意味のあることであると思います。

DX推進チーム(リーダー、課長)

価値観・信条	普遍的価値観(完全性・共通善・倫理)・真摯さ・貢献するチーム
事業の定義	経営改革に貢献するDX推進サービスの提供

5つの重要な質問

1. 目的・ミッション	基幹システムの再構築とデジタル人材を育成し海外売上高の向上に貢献する
2. 顧客は誰か	主顧客：①我が社の社員(経営者含)
	②取引先
	③お客様
	支援顧客：DXパートナー(ITベンダー、ITコンサルなど)
3. 顧客にとっての価値は何	主顧客：①我が社の社員(経営者含)…経営改革(基幹システム刷新)、
	業務改革、海外売上高の向上、DX人材育成
	②取引先…事業取引による社業の発展
	③お客様…利便と人生の質の向上
	支援顧客：DXパートナー(ITベンダー、ITコンサルなど)…
	基幹システム再構築の実績、新たな技術の修得、システム開発売上
4. 我々の成果は何か	成果(商品・サービス)：①新基幹システム構築支援
	②事業部門の業務革新支援　③デジタル人材の育成
	測定指標：①新基幹システム構築支援に対する貢献度
	②事業部門の業務革新の貢献度　③デジタル人材育成数
	測定方法：IT/DXサービス貢献度調査、メンバーアンケート
5. 我々の活動計画は何	1. DX推進サービス(基幹システム再構築、デジタル技術活用)提供
(重点活動)	2. DX基本計画の策定(ロードマップ、投資額、推進組織など)
	3. 事業革新支援サービス提供(ビジネスモデル革新、働き方改革など)
	4. 全社デジタルリテラシーの向上とIT/DX部門専門教育の推進
	5. 生産性改革の推進(経営資源、知財、業務プロセスなど)

図 3-5　ケース２・ＤＸ推進チームの MSC 基本計画

第4節 使い方編

MSC基本計画の活用へ「UPDCA」を実践する

[理解：UNDERSTAND]事業全体の基本計画を理解する

ＭＳＣの基本計画の使い方を理解するために、改めて基本計画の検討から実行までの全体像を示します。組織に所属している職場・チームの基本計画を考える場合には、マネジメント（リーダー役）である3番目の石工の思考方法をまねることから始めます。

具体的には、自らの職場・チームが所属している事業全体（所属組織）の基本計画を理解することです。チームが企業に所属しているのであれば、その企業の経営トップが考える「事業の定義は何か」「目的・ミッションは何か」「顧客は誰か」「顧客にとっての価値は何か」「我々の成果は何か」「我々の活動計画は何か」を理解します。

このためには、上場会社であれば年次報告書や統合報告書が参考になります。上場企業でなくても、組織が年次に作成している経営計画書、定期的に見直している中期経営計画書も同様に参考になります。

例えば、トヨタ自動車の2023年度統合報告書を見ますと、会長と社長のトップメッセージから始まり、創業の精神、豊田綱領・トヨタフィロソフィーなどから成る「価値創造の源流」の部があります。具体的には、豊田綱領・トヨタフィロソフィーの中には、「DNA」「MISSION」「VISION」「VALUE」が記述されていますので、ここに書いてあることを、あなたの理解で構いませんので、ドラッカーが示したフレームワークである「事業の定義」と5つの重要な質問「我々の目的・ミッションは何か」「顧客は誰か」「顧客にとっての価値は何か」「我々の成果は何か」「我々の活動計画は何か」に答えるつもりで、それぞれの問いに沿って書き写すことです。

組織の一部分であるあなたが率いる職場・チームは、所属組織の事業全体に何らかの成果をもって貢献することに存在意義があります。だからこそ、事業全体の基本計画をドラッカーのフレームワークで改めて理解することが大切なのです。こうしたプロセスを通じ、自身の職場・チームの基本計画を作成する準備を整えることができます。

【計画:PLAN】職場・チームのMSC基本計画を作成する

職場・チームのMSC基本計画をつくるに当たってのポイントは3つあります。第1に、所属している事業全体の基本計画に貢献すること。第2に、職場やチームのリーダーである自分がたたき台をつくるということです。信頼できる職場・チームメンバーと相談しながら進める方法もありますが、最後に決めるのは職場チームのリーダーである自分ですし、成果に責任を持つのも自分です。

第3に、たたき台を直属の上司に示し、そのフィードバックを受けて改定することです。場合によっては、基本計画にある「顧客は誰か」「顧客にとっての価値は何か」について、直属の上司でも明確に答えられない場合があります。その場合は、営業部門など関係部署の何人かに聞くのもよいですし、主顧客や支援顧客の責任者クラスに話を聞くことができれば理想的です。こうして、たたき台を何回も改定したうえで「原案」を作成し、職場・チームの他のメンバーの意見を聞いたうえで、MSC基本計画の第1版として完成させます。

【実行：DO】MSC基本計画を実行する

基本計画を実行する際は、基本計画の「我々の活動計画は何か」をベースにします。活動計画が示す一つひとつの活動テーマについて担当者と、目標・期限（日程）を決め、それぞれの担当者に具体的なアクションプランを作成してもらい、コミット（遂行を約束）してもらいます。実行へのモチベーションを引き出す方法については、第4章第4節「人的資源の問い」で説明します。活動計画の実行に当たっては、経営資源のムリ、ムラ、ムダの発生を抑えるため、経営資源全体を網羅するフレームワーク「8つの重要領域目標」を活用します。こちらは第4章で詳しく説明します。

【評価：CHECK】実行状況を評価する

職場・チームのリーダーとして活動計画の実行状況を評価するには、それぞれの活動テーマの担当者の仕事ぶりと結果をモニターする必要があります。モニターの対象は活動テーマごとの進捗、成果物、消費時間、コストなどが含まれます。一般には、担当者からの報告・連絡・相談を基に、実行状況を把握したり、日報や週報として入力されたシステムからデータを収集したりします。定例の会議で知ることもあります。大事なことは、活動テーマごとにデータを正しく入手し、それを担当者にも共有することです。実行状況やパフォーマンスは、本人もなんとなく分かっていますので、ただ進捗の遅れをあげつらうのではなく、強みを伸ばすような建設的な評価をすることが大切です。共有しているデータが改善につながります。

【改善：ACT】MSC基本計画を改善する

メンバーと共有した実行状況のデータは、「事業全体」と「職場・チーム」という2種類の基本計画を定期的に改善するのに活用します。

①「事業全体の基本計画」へのフィードバック

フィードバックの目的は、事業全体の基本計画と職場・チームの基本計画の整合性の確保です。計画段階では気づかなかった、目的・ミッションの温度差、「顧客は誰か」と「顧客にとっての価値は何か」の理解のズレ、活動の優先順位の間違い、組織・チームの成果が事業全体の成果に貢献できていない、などの課題があれば、計画の改定が必要になります。特に、「顧客は誰か」「顧客にとっての価値は何か」「我々の成果は何か」の答えに整合性を欠いた部分が、「事業全体」と「職場・チーム」との間にあると、成果があがらなかったり、生産性や収益性を損なったりすることになりかねませんので、注意が必要です。

②「職場・チームのMSC基本計画」へのフィードバック

職場・チームの基本計画の内容の全てがフィードバックの対象です。順調に成果が出ているなら改定の必要はない場合もありますが、そうした場合でも「成果」や「活動計画」については、微調整が求められることが少なくありません。

職場・チームの基本計画へのフィードバックのポイントは、各担当者へのフィードバックです。ある活動計画において期待した目標の達成に対して、うまく行ったこと、うまく行かなかったことを部下に聞くだけではなく、部下をどう支援すべきだったか、どのような顧客の声があったのか、イノベーションにつながる予期せぬ成功や失敗があったかなど、上司として聞くべきことや考えるべきこと、職場・チームで共有すべきことを明確にします。

筆者はこれらの一連の手順を、英語の頭文字をとってUPDCA：アップ・ディーシーエーと呼び、PDCAサイクルとの混同を避けています。

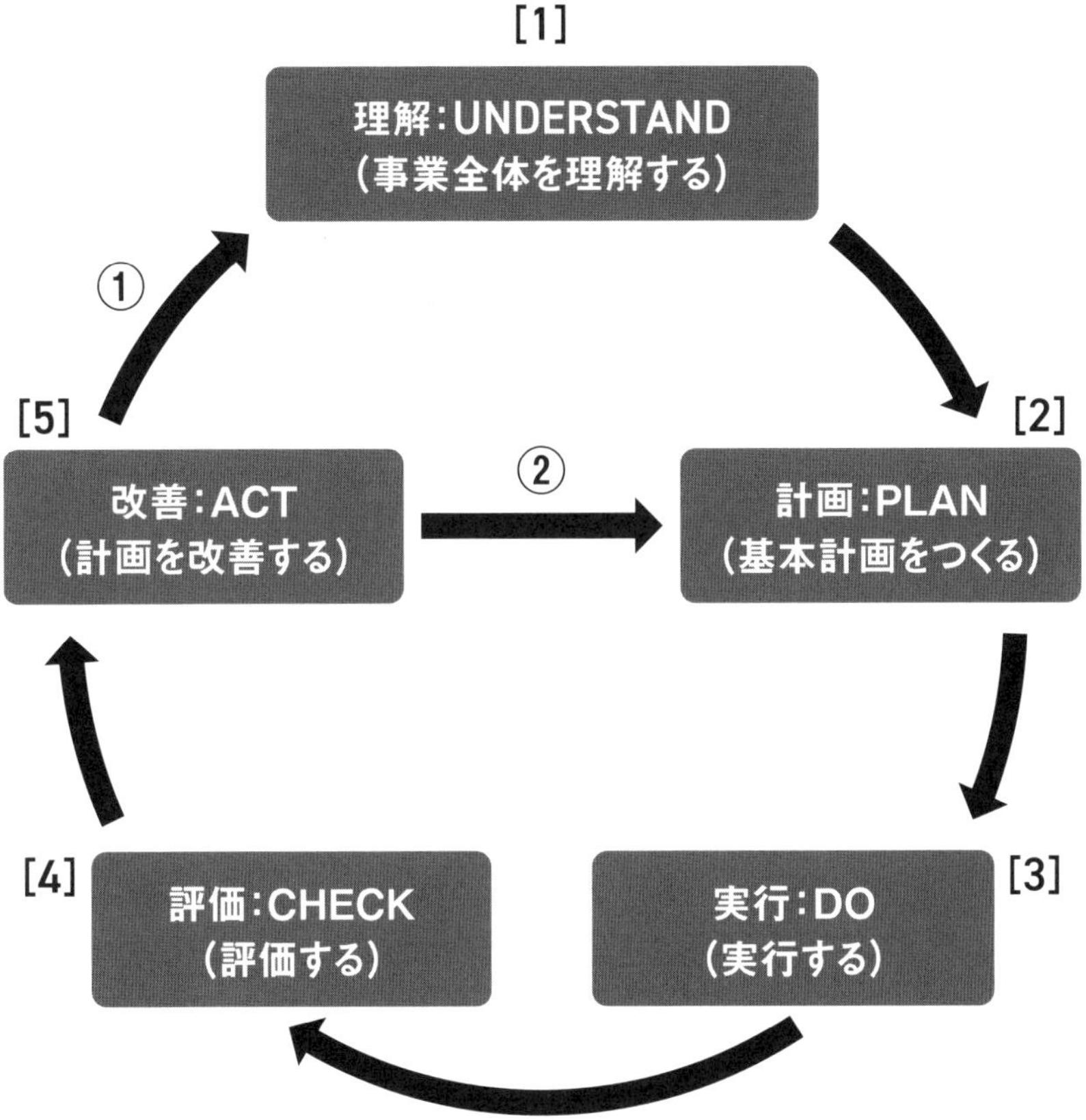

※時計回りで進めつつ、矢印①②の方向にフィードバックを実施

①事業全体の基本計画にフィードバックする
②職場・チームの基本計画にフィードバックする

UPDCA：「アップ・ディーシーエー」と覚えよう

図3-6　ＭＳＣ基本計画の使い方

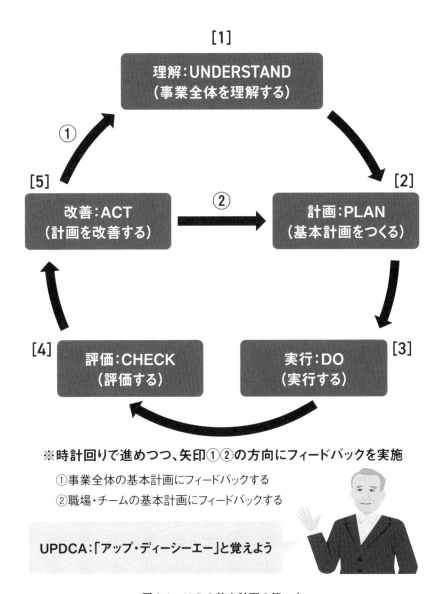

第4章

職場やチームの目標を明らかにする「正しい問い」

第4章のねらい

第3章では、職場やチームのリーダーとして、マネジメント・スコアカード（MSC）に基づき事業の基本計画（事業の定義と5つの重要な質問）を策定する方法を学びました。とはいえ、リーダーの役割は基本計画を策定して終わりではありません。チームの成果をあげるためには、解決しなければならない複数の課題があるはずです。ここでは、それを「目標」と表現します。目標の設定にあたっては、チームメンバーが日常の仕事として取り組める具体的なレベルに落とし込むことが大切です。そうすることで、チームの全員が自身の役割を自覚し、自身の成果に責任を持って取り組めるようになるのです。

それでは、どのような目標を定めればよいのでしょうか。第3章で学んだMSCの基本計画は、組織の種類や規模によらず事業の定義と5つの重要な質問という共通のフレームワークがありました。目標を設定する場合も、ドラッカーが提唱した「8つの重要領域目標」という共通のフレームワークがあります。

以下の8つの領域から成り立っています。

（1）社会性と顧客創造

（2）マーケティング

(3) イノベーション
(4) 人的資源
(5) 物的資源
(6) 資金
(7) 生産性
(8) 条件としての利益（本書では単に「利益」とする場合があります）

これらの「8つの重要領域」について目標を設定するのですが、その前に、やらなければならないことがあります。それは、「**集中すべき課題を決める**」ことと、「**やらないことを決める**」ことです。

準備1・集中すべき課題を決める

MSC基本計画を策定する中で、事業の定義、目的・ミッションの定義、顧客と顧客にとっての価値を定義してきました。そうなれば、定義する以前の仕事と定義後の仕事は変化しているはずです。例えば、「全社的な業務改革を推進する」と事業を定義したチームが、目的・ミッションでは、「生産管理システムの再構築を行う」と定義し、「営業力強化」を目的・ミッションにしなかったとすれば、生産管理システムに直接関係する活動を最優先して目標（課題）を設定し、チームの資源（ヒト、モノ、カネ、情報など）を投入します。生産計画や品質管理は、集中すべき改善目標になるでしょう。

ユニクロを傘下に持つファーストリテイリングの創業者・会長の柳井正氏は、「成功は一日で捨て去れ」（同タイトル著書より）を信条とし、今日の成長を築いたといいます。ファッションアパレル事業の中でも、「暖かい」「ひんやりとする」「動きやすい」など衣料がもつ機能を付加価値として徹底的にこだわり、そこに集中することで、今日の基盤を築きました。彼もドラッカーの信奉者の一人です（２０１０年発行の『柳井正 わがドラッカー流経営論』より）。

準備２・やらないことを決める（体系的な廃棄）

集中すべき課題を検討していく中で、その課題に直接関係しない課題は、優先順位が下がります。とはいえ組織とは不思議なもので、優先順位が下がった業務課題も、なんとか取り組もうとしてしまいがちです。ただこれをやってしまうと、新たな目標に向けて投入する資源が減り、成功の機会を逃してしまうことにもなりかねません。ですから、集中すべき課題を決定し優先順位を決めるだけでなく、むしろ劣後順位（やらないことの順番づけ）を決定することが大切なのです。これを、「体系的な廃棄（やらないことを決める）」といいます。職場やチームでも同じです。集中すべき目標を決めたら、優先順位が下がった過去の目標を捨てる勇気も、チームリーダーには求められるのです。

８つの重要領域について目標を定める

本章では、筆者が相談者に問いかけ、その答えに対する助言や解説をしながら、８つの重要領域それぞれについてどのような目標が必要なのかを、現代のグローバルスタンダード、ドラッカーの知見、筆者の知見を交えてお話ししていきます。

この8つの重要領域の目標設定では、第3章で示した「5つの重要な質問」の中でも、「3・顧客にとっての価値は何か」、「4・我々の成果は何か」、「5・活動計画は何か」の内容を、日常の活動計画に展開します。考え方としては、「3・顧客にとっての価値」を満たすための活動計画を8つの重要領域目標のフレームワークに沿って検討することになります。8つの重要領域内において各目標を設定した活動については、それぞれ目標値、担当者、日程（予定スケジュール）を決めます。この8つの重要領域の活動計画は、実行していく過程において、月次や四半期ごとにその進捗をチェックする進捗管理ツールとしても使用します。

MSCはサステナブル(持続可能な)経営を実現するフレームワークである

[中長期的な視点]　**MSC基本書式(基本計画)**

基本計画	価値観・信条	普遍的価値観(完全性・共通善・倫理)・真摯さ・利他の心・貢献人
	事業の定義	我々の組織本業は何か(自分は何者か)、中長期の視点

[短期的な視点]

基本計画	5つの重要な質問	その答え
	1. 目的・ミッションは何か	
	2. 顧客は誰か	
	3. 顧客にとっての価値は何か	
	4. 我々の成果は何か	
	5. 活動計画は何か	

第4章の範囲

準備1:集中すべき課題を決める
準備2:やらないことを決める(体系的な廃棄)

[日常活動の視点(短期)]　**活動計画を詳細に書く(実行計画)**

実行計画	8つの重要領域目標	活動内容	目標値	担当者	日程
	1. 社会性・顧客創造				
	2. マーケティング				
	3. イノベーション				
	4. 人的資源				
	5. 物的資源				
	6. 資金				
	7. 生産性				
	8. 条件としての利益				

図 4-1　第 4 章のポイント

第1節 社会性と顧客創造の問い

売り上げ増のために顧客から預かった車を傷つけるなどの不正を働いた中古車販売会社は、社会から支持を失いました。SDGs経営が当たり前になった現代において、事業の目的に高い社会性を掲げてこそ、顧客、市場、取引先、社員の支持を得られます。「事業の目的は顧客創造である」とのドラッカーの言葉に従えば、8つの重要領域目標に関わる問いのうち最も優先度が高いのは、社会性と顧客創造に関する問いかけです。社会的責任を果たすための活動の目標を設定するのはこの領域となります。自動車メーカーによるリコールなど、社会に負の影響を与えている活動も、ここに記載します。この領域の活動計画を見れば、社会に貢献している活動と、社会に対して負の影響を与えている活動がすぐに分かります。

そのためには、第3章で答えた問0～問5に続き、次の「問い」に答えることが大切です。

問6 顧客創造の目標とは何か
問7 環境と品質の目標とは何か
問8 社会的責任の目標とは何か

第4章の最後ではこれらの質問を踏まえて、第3章でも紹介した「新事業開発チーム」と「DX推進チーム」の2つのケースを基に、目標の立て方を学びます。

問6 顧客創造の目標とは何か

相談者 **化粧品メーカー、法人営業部、課長**

営業一筋で15年です。顧客創造の目標は、やはり売り上げではないかと思います。競争が厳しい業界ですから、商品開発やブランドやマーケティング戦略に大きく左右されそうです。

筆者 売上目標以外に、顧客創造における目標はありませんか?

相談者 法人営業部はルートセールス(既存顧客への訪問)が主ですから、訪問回数なども顧客創造に関する目標でしょうか。

筆者 「顧客創造」への理解が曖昧なようですね。一緒に考えてみましょう。

解説1 ▼「顧客創造」の意味

ドラッカーがいう「顧客創造」には、2つの意味があります。1つは、経済的な意味であり、「潜在需要を有効需要に変えること」です。そうした意味からいえば、売り上げは顧客創造の1つの目標になります。もう1つの意味は、「顧客の人生の質をより良くすること」です。この2つの視点から、顧客創造の目標をどのように定めたら良いのでしょうか。

一般に顧客創造には時間がかかります。例えば、自社の商品を知らなかった潜在顧客が、テレビやネット広告を見て商品に興味を持ったとしても、まだ購入に結びつくかは分かりません。店頭で美容担当の接客を受け、試用して、初めてある商品を購入される（顧客になる）ケースもあるでしょう。美容担当の接客を受けた見込み客全員が商品を購入することは、普通はありません。顧客になってからも、継続してその商品を購入してもらえるかも確実ではありません。継続して購入してもらえばリピーター（継続購買顧客）という位置づけになります。

さらに相談者のように、営業先が小売店や美容サービス企業などの法人であれば、顧客と一緒に商品開発をする機会があるかもしれません。むしろ積極的に法人顧客と新商品開発をした方が新商品として軌道に乗せやすいと思います。顧客同士がコミュニティーを創ることを支援するケースもあり、この延長線上には、顧客創造がより良い社会を創るという期待があります。さらに、化粧品の利用者同士のコミュニティーづくりを一緒に支援できれば、その延長線上に「顧客創造がより良い社会を創る」という社会への貢献につながります。

このように考えると、顧客創造の目標設定は、顧客との関係性に注目して次のように考えられます。顧客との関係性の弱から強に沿って①潜在顧客、②見込み客、③初回購入した顧客、④リピーター、⑤ロイヤルカスタマー(商品に強い愛着をもつ顧客)です。このような顧客の状態(ステータス)を定義し、それぞれのニーズに合わせて営業活動を的確に変化させることで、顧客の満足度を高められます。これにより、顧客もより良い状態に自らステップアップできます。こうした顧客との関係性のレベルアップこそが、顧客創造の成果です。それぞれの状態における顧客の数を目標に設定することで、顧客創造の成果がでているのか、停滞しているのかを判断しやすくなります。自社の商品・サービスによって欲求を満たし、人生の質の高まりを感じてくれている顧客が順調に増えていれば、顧客創造ができていることになります。その結果として、事業の売り上げが伸びるのです。

解説2▼売上至上主義では顧客創造に失敗する

ところが、「売上増は顧客創造の結果として表れる」という理解を通り過ぎ、売上増のみを追い求める売上至上主義に至った場合は、まったく逆のことが起こります。売上至上主義を組織ぐるみで採用すると、必ずといってよいほど、社会的な不祥事を招きます。売り上げのために顧客から預かった車を傷つけるなどの不正を働いた中古車販売会社はその典型です。顧客創造に失敗する例は、社会的な不祥事だけではありません。「あのお客さん、最近来ないね」との社員同士の会話は顧客離反（顧客が自社から去っていくこと）が起きていることを示しています。

こうした失敗を回避するため、顧客離反の抑制を目標に掲げるのも有効な手法の1つです。顧客離反の理由はアンケートからも正確には分からないケースが多いですが、こうした目標を掲げることで、社員に対し顧客満足度を高める業務改善を促すことができます。

解説3▼非営利組織における「顧客創造」とは

社会性の高い非営利組織にも、やはり顧客創造の目標は必要です。各種のＮＰＯ法人や教育機関、病院、介護施設などの目的・ミッションは、総じて言えば「利用者がより良い人生を送るために商品・サービスを提供すること」です。そのため、顧客を増やすことは目標の達成に不可欠です。

公共の領域で顧客創造に成功した事例として、台湾の話をしましょう。デジタル大臣としてオードリー・タン氏が進めたソーシャルイノベーションにより、デジタルで生活者の声を行政に反映させ、自治への参加率を高めるなどの顧客創造に成功しました。タン氏はまず、市民が政治に直接参加できるデジタルプラットフォーム「Join」を２０１５年にスタートさせました。誰もが発起人になって自身の政策アイデアをオンラインで提出できます。提案の提出から60日以内に５０００人以上の賛同者が集まれば、行政の関連部門は、必ず書面で回答しなければなりません。（『オードリー・タンが語るデジタル民主主義』p.106）。この取り組みでは行政改革の提案数や行政改善のテーマ数などが目標として設定されており、オンラインで誰でもその動向が見えるようになっています。

「顧客創造」とは?

経済的な意味　「潜在需要を有効需要に変えること」

社会的な意味　「顧客の人生の質をより良くすること」

解決すべき社会課題

(※SDGs、ISO26000を参考に、顧客創造に関わる社会課題を記載する)

1.

2.

3.

↓

[事業活動における顧客創造の目標の例]

・社会課題の解決・緩和状況(解決数、緩和数)

・より良い人生を得た顧客の数

・顧客満足度(人生の質に対する満足度)

・顧客創造プロセスの貢献度

・株主満足度、株主の数

[顧客創造プロセスの成果の例]

・ロイヤルカスタマー(数、満足度)

・リピーター(数、満足度)

・初回購入客(数、満足度)

・見込み客(数、満足度)

・潜在顧客(数、満足度)

・離反顧客(数、離反理由)

↓

よりよい社会の実現(社会創造)

図 4-2　顧客創造の目標とは何か (問 6)

問7 環境と品質の目標とは何か

相談者　センサー機器製造会社、品質管理チームリーダー

当社は創業50年です。品質マネジメントシステムの認証「ISO9001」、環境マネジメントシステムの認証「ISO14001」を取得しており、その維持管理が私の担当です。ただ、会社からは維持コストの削減が求められています。この場合、顧客創造の目標は、コスト削減でしょうか。

筆者　取引先の拡大や信用力の向上以外に認証の取得による効果はありますか?

相談者　営業面で一定の成果は出ているようですが、正確には分かりません。現場部門は内部監査などの手間が増えて不満ばかりたまっているようです。

筆者　環境と品質の問題について、中長期的な視野で一緒に考えてみましょう。

解説1▼環境と品質は経営者のイニシアチブが不可欠

品質や環境にかかわるISO認証は、規約やマニュアル類の作成や管理に時間とコストがかかります。現場部門の参加意識が低いと、形ばかりの認証となり、環境リスクや品質リスクの低減にはつながらないこともあります。品質や環境にかかわる製品の不備・不具合は、場合によっては会社の経営リスクに直結します。現場部門の参画を促すうえでは、品質管理チームによる働きかけだけではうまくいかないケースが多く、やはり経営層からのメッセージと行動、つまりイニシアチブ（率先垂範）が重要になります。

解説２▼環境・品質目標は会社の明暗を分ける

日本の産業界のリーダーであるトヨタ自動車でも、品質不正が問題になりました。２０２４年6月18日の株主総会でも、型式認証の試験で当局に不適切なデータを提出していた責任を問う声が一部の株主からあがりました。生活者の信頼を損なう社会的不祥事であり、とても残念なことです。

環境性能を含む品質管理における先進的な取り組みとして、アウトドア用品大手の米パタゴニアの事例を紹介しましょう。同社は、環境先進企業として知られています。創業者のイヴォン・シュイナード氏は、２０２２年に創業家が持つ株式を全て新設の目的信託と非営利団体に寄付をしたほか、環境負荷を抑えた製品づくりやスタートアップ企業の支援を推進しています。同社の製品保証は卓越しています。「パタゴニアの製品保証」にあるメッセージには、「パタゴニアでは製品を保証しています。お受け取りになった時点でパタゴニア製品にご満足いただけない、またはご使用において十分な機能がないなどの問題点やご不満がございましたら、お買い上げいただいた店舗またはパタゴニア日本支社までご返品ください。製品の交換または修理をいたします。製品の交換が困難な場合には返金をいたします。」（『新版 社員をサーフィンに行かせよう パタゴニア経営のすべて』p.152）とあります。もちろん使用したことに拠る摩耗や損傷の修理には、実費を頂く場合があることを明記しています。

製品の環境性能にかかわる取り組みも卓越しています。同社では、衣料品が環境におよぼす影響を、生地の生産から染色、製造、流通、消費者による手入れ、廃棄にいたる製品のライフサイクル全体について調べました。すると、ドライクリーニングなどの洗濯がかなりの悪者であることが判明したといいます（同書p.150）。具体的には、「販売後の手入れ（洗濯やアイロンがけ）がもたらす害が、製造過程全体で生じる害の4倍に達していた」ことを突き止めたのです。これを受けて同社の製品開発部門は、ドライクリーニングやアイロンがけをしないで済むように製品をデザインするようになりました。有害物質の排出量についても、パートナーや仕入れ先と協働で取り組む目標やマイルストーンを決めています。

大手企業でも、こんなにも環境と品質に対する意識と取り組みが違うのです。自社事業のMSCをつくる際には、環境目標と品質目標について何が重要かを、改めて考えてみる必要があります。

解説3 ▼ 社会課題を解決する「ゼロ目標」

「環境の目標」の代表格は「ゼロエミッション」、温室効果ガス（GHG）の排出量をゼロにするという目標です。わが国でも2050年にカーボンニュートラル「日本国内における温室効果ガスの排出量を全体で実質ゼロにする」としています。このような政府の方針に沿って事業者と国民が連携することで、達成できる目標です。また、海洋汚染の原因の一つとされるプラスチックごみも同様に「ゼロ目標（脱プラスチック）」を宣言する組織も増えています。先ほどあげた自治体での例をみてみましょう。デジタル活用でアジアの先端を行く台湾におけるデジタルプラットフォーム「Join」の活用例です。プラスチック製のストローなどの全面使用禁止を求めた提案がなされ、プラスチックの製造業者、環境保護団体、行政院環境保護署（環境省に相当）など、様々なステークホルダーの署名が、瞬く間に５０００人分が集まりました。最終的に段階的な使用禁止が政策として認められたのです。この発起人は16歳の女子生徒ですが、人々を動かし、行政を動かし、産業界の品質向上と環境保護を同時に実現することに成功したのです。最近、米スターバックスは「飲み心地の良さ（品質）と、環境負荷低減を両立」するとして植物原料のバイオマスからつくったストローの提供をはじめました（同社Ｗｅｂサイト2024/12/06付）。今後とも「脱〇」「〇ゼロ目標」が広まると思います。

自然環境を壊さないという品質基準が広まることは、より良い社会をつくる前提条件とも言えそうです。ドラッカーは「好きなことをすることが、貢献、自己実現、成功につながると考えた者のうち、実際にそれらのものにつなげた者はほとんどいなかった。」（『明日を支配するもの』p.215）と言っています。品質と自然環境の視点から言えば「自分が作りたいものを作れば良い」ではなく、「自然環境を壊さない、保護するという要求（品質基準）を満たすストローをつくりなさい」、となります。これは、普遍的価値と信条である利他の心と貢献人にふさわしい取り組みの事例でもあるのです。

＊品質問題は、環境問題でもある

（品質の不都合は環境破壊につながりやすい）

環境と品質について解決すべき社会課題

1. 環境保護
2. 安心安全な商品・サービスの提供
3.

↓

環境と品質の目標の例

1. 排出量（CO_2、有害物質）；ゼロ目標
   - ゼロエミッション
   - カーボンニュートラル
   - 脱プラスチック
2. 顧客満足度（人生の質の向上）
3. 製品リコール数
4. 品質クレーム数
5. 品質理由の離反顧客の数
6. 「環境」「品質」認証取得と維持コストの削減
7. 情報及びセキュリティ事故の数

↓

よりよい社会の実現（社会創造）

図 4-3　環境と品質の目標とは何か（問 7）

問8 社会的責任の目標とは何か

相談者　リース会社、契約審査部リーダー

投資家向け報告書の作成にあたり、我々のようなリース企業にとっての「社会的責任」をどう定義し、記述しようかと悩んでいます。例えば、顧客のニーズに応える、不良品を市場に出さない、CO2を削減する、などでしょうか？

筆者

企業の社会的責任は、もっと広く捉える必要があります。顧客への責任や環境への責任のほか、従業員の雇用への責任、下請け事業者に不利な取引をしないなど取引先への責任もあります。一緒に学んでいきましょう。

解説1▼社会的責任の原則とは

企業の社会的責任については今も理解が進んでいるとは言いがたく、「顧客からのクレームに対応すること」などと狭く理解している人もいますが、それだけでは不十分です。

一般には気づきにくい視点で社会的責任の原則を説いたのがピーター・ドラッカーです。「故意であろうとなかろうと、自らが社会に与えるインパクトについては責任がある。これは第一の責任である。」（『マネジメント』［上］p.371）としました。これは職業人として守るべき「知りながら害をなすな」（第1章）と同じことを、組織にも要求したものです。インパクトとは、商品サービスを製造したり、顧客に届けたりする過程でできてしまう副産物のことをいいます。板金事業であれば、「作業過程で生じる音」もその一つです。近所から騒音だと思われれば何らかの対策をとることが企業の社会的責任です。また、板金作業所を設置する際、あらかじめ騒音対策を盛り込むなどの予防策をとるのも社会的責任です。リース対象物件の評価や料率を計算する場合にも、環境負荷や安心安全を考慮して対象物件を評価しているはずです。

解説2▼社会的責任の全体像

社会的責任に関する主なグローバルガイドライン（手引き）には、社会的責任の全体をまとめたISO26000[注1]と国際連合が推進しているSDGs[注2]があります。

さらに、新規技術を監視する「テクノロジー・モニタリング」の重要性も高まっています。現在、SNS、AI、バイオテクノロジー、自動運転車、ロボット、ロケット、原子力利用に関わる技術開発が盛んに行われています。ドラッカーは「発展途上の技術の社会的なインパクトを監視することこそ、マネジメントの責任である。」（『マネジメント』［上］p.381）と述べていますが、このような視点での社会的責任も忘れてはなりません。「新しいものは良いものだ」という風潮には、未来を危険にさらす危うさが潜んでいるのかもしれません。

注1　ＩＳＯ２６０００……この国際規格は、認証を目的に策定されたものではなく、あらゆる種類の組織に対して、「社会的責任の基礎的な部分」を示すことで、「組織の持続可能な発展への貢献を支援することを意図しています」（規格p.1）。２０１０年に初版が発行され、現在もこれが最新版です。このガイドラインは、7つの中核課題：組織統治、人権、労働慣行、環境、公正な事業慣行、消費者に関する課題、コミュニティー参画および発展というカテゴリーについて、詳細に解説しています。また、社会的責任の範囲と内容の解説にとどまらず、それぞれの組織が社会的責任を組織としてどのように実装し機能させたらよいのかを後半部分で解説しています。社会的責任の解説で終わらず、マネジメントの重要性を指摘しているうえ、経営の実務でどのように使うのかを解説しているので、機会があったら是非、読んでみてください。

注2　ＳＤＧｓ……２０１６年1月1日、国連サミットで採択された「持続可能な開発目標（ＳＤＧｓ）」が正式に発効しました。17の目標（図表中に掲載しました）が定められており、営利・非営利組織のいかんにかかわらず、自主的に取り組むことが推奨されています。事業の定義や目的・ミッションを検討する際に、ここにある17の目標のいずれかの社会課題に貢献するように意識すると、社会的責任を意識した目的・ミッションを定義できる他、社会的責任の目標を設定しやすくなります。相談者が勤務するリース会社がリース対象物件と取り扱い事業者を評価する場合、それに関わる社会的責任、すなわち原材料の調達から生産・流通・廃棄・リサイクルにかかわる環境負荷・人権などへのインパクトを考慮する必要がありますので、社会的責任の知識は契約審査にかかわる知識として有効だと思います。

解説3▼社会的責任の「人権の目標」

ここでは、人に関わる社会的責任である「人権」について、マネジメントの視点から整理しておきましょう。例えば、ＳＤＧｓが定める17の目標とその測定指標は、「誰一人取り残さない」という人権保護の精神に基づいています。さらに最近社会問題化している多様性、障がい者雇用、ハラスメント、メンタルヘルス、外国人労働者の処遇、ブロードバンドにつながる権利なども「人権保護」の目標として取り組むべき時代だと思います。例えば、スイスのネスレはＷｅｂで公開している「ネスレの経営に関する諸原則」の「４・ネスレの事業活動における人権」の中で「人権の侵害に加担することは決して行いません。（ＵＮＧＣ：国連グローバル・コンパクト　原則２）」「あらゆる形態の児童の搾取に反対します。」としており、コーヒーや原材料の調達先にもこの諸原則を条件にパートナーシップを結んでいます。

社会的責任を「良き意図の表明」で終わらせてはいけません。「組織としてどのように実装し機能させたらよいのか」についての目標も併せて、社会的責任の目標として設定することが重要です。社員教育・取引先教育・各部署のＯＪＴの中にも環境・品質・人権の知識を取り入れるなど、マネジメントの責任として取り組むという意志を表明するためにも、この領域の目標として設定することが大切です。

顧客創造／環境と品質／人権／社会的責任に関わる目標設定の例

	活動（ＣＳＦ）と測定尺度	目標値	担当者	日程
1. 社会性と顧客創造	[事業活動における顧客創造の目標の例]			
	1. 社会課題の解決・緩和状況（解決数、緩和数）			
	2. 顧客満足度（人生の質に対する満足度）、より良い人生を得た顧客の数			
	3. 顧客創造プロセスの貢献度			
	4. 顧客創造プロセスの成果の目標			
	・ロイヤルカスタマーの数、満足度			
	・リピーターの数、満足度			
	・初回購入客の数、満足度			
	・見込み客の数、満足度／潜在顧客の数			
	・離反顧客の数、離反理由			
	5. 株主満足度、株主の数			
	[環境と品質の目標の例]			
	1. 排出量（ＣＯ２，有害物質）・ゼロエミッション・カーボンニュートラル			
	2. 顧客満足度（人生の質の向上）			
	3. 製品リコール数			
	4. 品質クレーム数、品質理由の離反顧客の数			
	5. 品質理由の離反顧客の数			
	6.「環境」「品質」認証取得と維持コストの削減			
	7. 情報及びセキュリティ事故の数			
	[人権の目標の例]			
	1. 障がい者雇用、多様性、メンタルヘルス、ハラスメント防止			
	2. 外国人労働者の処遇改善、			
	3. 人権教育の実施回数、実践者の数、割合			
	[社会的責任の目標：ＳＤＧｓの視点から、国際連合広報センターＨＰより]			
	目標１：貧困をなくそう			
	目標２：飢餓をゼロに			
	目標３：全ての人に健康と福祉を			
	目標４：質の高い教育をみんなに			
	目標５：ジェンダー平等を実現しよう			
	目標６：安全な水とトイレを世界中に			
	目標７：エネルギーをみんなにそしてクリーンに			
	目標８：働きがいも経済成長も			
	目標９：産業と技術革新の基盤をつくろう			
	目標１０：人や国の不平等をなくそう			
	目標１１：住み続けられるまちづくりを			
	目標１２：つくる責任つかう責任			
	目標１３：気候変動に具体的な対策を			
	目標１４：海の豊かさを守ろう			
	目標１５：陸の豊かさも守ろう			
	目標１６：平和と公正をすべての人に			
	目標１７：パートナーシップで目標を達成しよう			
	[社会的責任の目標：ＩＳＯ２６０００、７つの中核課題の視点から]			
	・6.2 組織統治			
	・6.3 人権			
	・6.4 労働慣行			
	・6.5 環境			
	・6.6 公正な事業慣行			
	・6.7 消費者課題			
	・6.8 コミュニティへの参画及びコミュニティの発展			
	・7.4.3 組織の統治、システム及び手順への社会的責任の組込み			
	[社会的責任を経営活動に実装する取組みの目標の例]			
	1. 社会的責任のマネジメント教育の実施回数、実践者の数、割合			
	2. コンプライアンス教育の実施回数、実践者の数、割合			
	3. 取引先への社会的責任教育の実施回数、取引先の遵守割合			

図 4-4　社会的責任の目標とは何か（問 8）

第2節 マーケティングの問い

ドラッカーは2002年発行の『ネクスト・ソサエティ』の中で、マーケティングについて次のように述べています。「ほとんどあらゆる組織にとって、もっとも重要な情報は、顧客ではなく非顧客（ノンカスタマー）についてのものである。変化が起こるのはノンカスタマーの世界である」。（『ネクスト・ソサエティ』、p.117）。事業ドメインをつくり、それを時代の変化に合わせて維持するには、組織全体で取り組む必要があります。

さらに、アフターサービスの大切さについてドラッカーは繰り返し述べています。例えば、アフターサービスの活動で得られた優良な顧客から、提供している商品・サービスの改善のアイデアや、新商品や新サービスの企画のヒント、製品の取り替え時期などの生産計画に有力な情報を得ることができます。何よりも顧客創造を継続し持続可能な事業を実現するためには、マーケティングは不可欠であり、イノベーションの前提条件といえるものです。

そのためには、次の［問い］に答えることが大切です。

問9　マーケティングとは何か
問10　顧客創造プロセスが機能しているか
問11　マーケティングの目標とは何か

問9　マーケティングとは何か

相談者　**モーターおよび電装機器製造会社、経営企画部、課長**
当社の業界も競争が激化しています。次の3年間の経営戦略を検討していますが、何を優先課題にあげたらよいのか分かりません。

筆者　これまでの中期経営計画の実績はどうでしたか?

相談者　国内市場は売り上げが横ばい、利益は減少。海外は円安の影響で輸出が伸びています。

筆者　計画も実績も期待したほどではなかった、ということですね。業績が振るわない時は、マーケティングができていないと考えてください。マーケティングとは何か、あらためて一緒に考えてみましょう。

解説1▼マーケティングの目的は「販売」を不要にすること

マーケティングというとフィリップ・コトラーが有名ですが、コトラーもドラッカーには一目置いていました。1989年のことです。コトラーがドラッカーの自宅を訪れ、近所のスタジオで対話をしたのですが、そのときにコトラーはドラッカーにこんなことを言いました。「マーケティングで重要なことは、マーケットリサーチ、セグメンテーション（マーケット区分）、ターゲティング、ポジショニング（自らの位置づけ）、仕事の設計の5つです。宣伝や販売はそのあとのことです。もちろん宣伝と販売は必要です。しかしだいぶ前にあなたがみなを驚かせたように、マーケティングの目的は販売を不要にすることです。」（『非営利組織の経営』p.84）。コトラーはドラッカーの著作を読んでいて、対話した2人は意気投合したといいます。当時2人は、それぞれNPO（非営利組織）の研究をしていました。ドラッカーは「マーケティングが目指すものは、顧客を理解し、顧客に製品とサービスを合わせ、みずから売れる（sells itself）ようにすることである。」（『マネジメント』［上］p.78）とも言っています。マーケティングとは、マーケティングの専門部署に任せておけばよいというものではなく、組織全体で取り組むべきテーマであるということです。

解説2▼事業ドメインの継続と変革

第3章で、事業のMSC基本計画（事業の定義と5つの重要な質問）を学びましたが、これを企業全体の経営計画策定という視点で見ると、企業の事業領域（ドメイン）を明確にすることと同じであると分かります。事業領域を明確にするには、まず自社の強みを生かして解決したい社会課題（例えばSDGsの目標）を検討することから始めます。続いて事業の定義と5つの重要な質問、「事業の目的・ミッションは何か」「顧客は誰か」「顧客にとっての価値は何か」「我々の成果は何か」に答えながら、事業領域を絞り込みます。そして最後に「活動計画は何か」の問いに答えます。

相談者は経営企画部に所属しているのですから、自社のマーケティング部や技術部門、営業部門、情報システム部門と連携するなど、全社横断的な動きを取りやすいのではないでしょうか。まず、自社の強みは何かを問いつつ、解決すべき社会課題と適合する分野を検討します。例えば、車載用モーターや産業機械用のモーターなど販売実績の多い分野があれば、それを強みと考えます。モーター本体よりもモーターの制御機器に強みがあり、実際にロボットの分野などで納入実績があるのなら、長期的なビジョンを見直す意味で、事業の定義を「モーターのメーカー」から「モーター制御機器メーカー」に変更しても良いでしょう。

新規事業の創出を目指すのであれば、技術部門やマーケティング部門と連携したうえで、短期的な目的・ミッションの一つとして例えば「モーター制御機器への参入」を掲げるのはどうでしょうか。顧客を医療・介護・福祉施設とそこで働くスタッフとし、顧客にとっての価値はスタッフの作業負荷の軽減、我々の成果は医療・介護支援ロボットの開発や流通ルートの開拓などとすることで、新規事業を含めた事業領域を明確にすることができます。

解説3▼集中の目標と市場地位の目標

医療・介護・福祉施設向けロボット用のモーター制御機器といっても、まだまだイメージが漠然としています。顧客のイメージをもっと絞り込み、どのようなスタッフを支援するロボットか、スタッフのペルソナはどうか、自社の強みとする技術でスタッフのニーズを満たせるか、などを検討する必要があります。こうして事業を絞り込み、リソースを集約させる「集中の目標」を決めます。リソースの集中はリスクを伴うため、実際に試して小さな失敗を繰り返しながら、顧客の声を聞くことが不可欠です。ドラッカーは「顧客からスタートする」と述べています（『マネジメント』［上］p.78）。

同様に「市場地位の目標」、つまり目標とする事業領域でリーダー的な存在になるか、シェアトップを狙うか、などを決める必要があります。これは、従業員のモチベーションに直結します。企業のトップは「集中の目標」と「市場地位の目標」を決定し宣言することで、従業員にリーダーシップを示し、その言動に、従業員がつき従うことになります。企業のトップが集中の目標と市場地位の目標を宣言してもそれは「良き意図」に過ぎません。目的とミッションを実現するためには、各部署を率いるミドルマネジャー（管理職）が、経営トップのビジョンを現実の業務課題（顧客にとっての価値を満たす活動）として、一人ひとりの仕事の目標にまで落とし込むことが求められます。そのために、5番目の質問（問い）である「活動計画」を検討し、続いて「8つの重要領域目標」を具体的に検討することになります。

マーケティングとは?

1.販売を不要にする
2.顧客に製品とサービスを合わせ自ら売れるようにする
3.事業領域(ドメイン)を明確にし、維持し、変革する

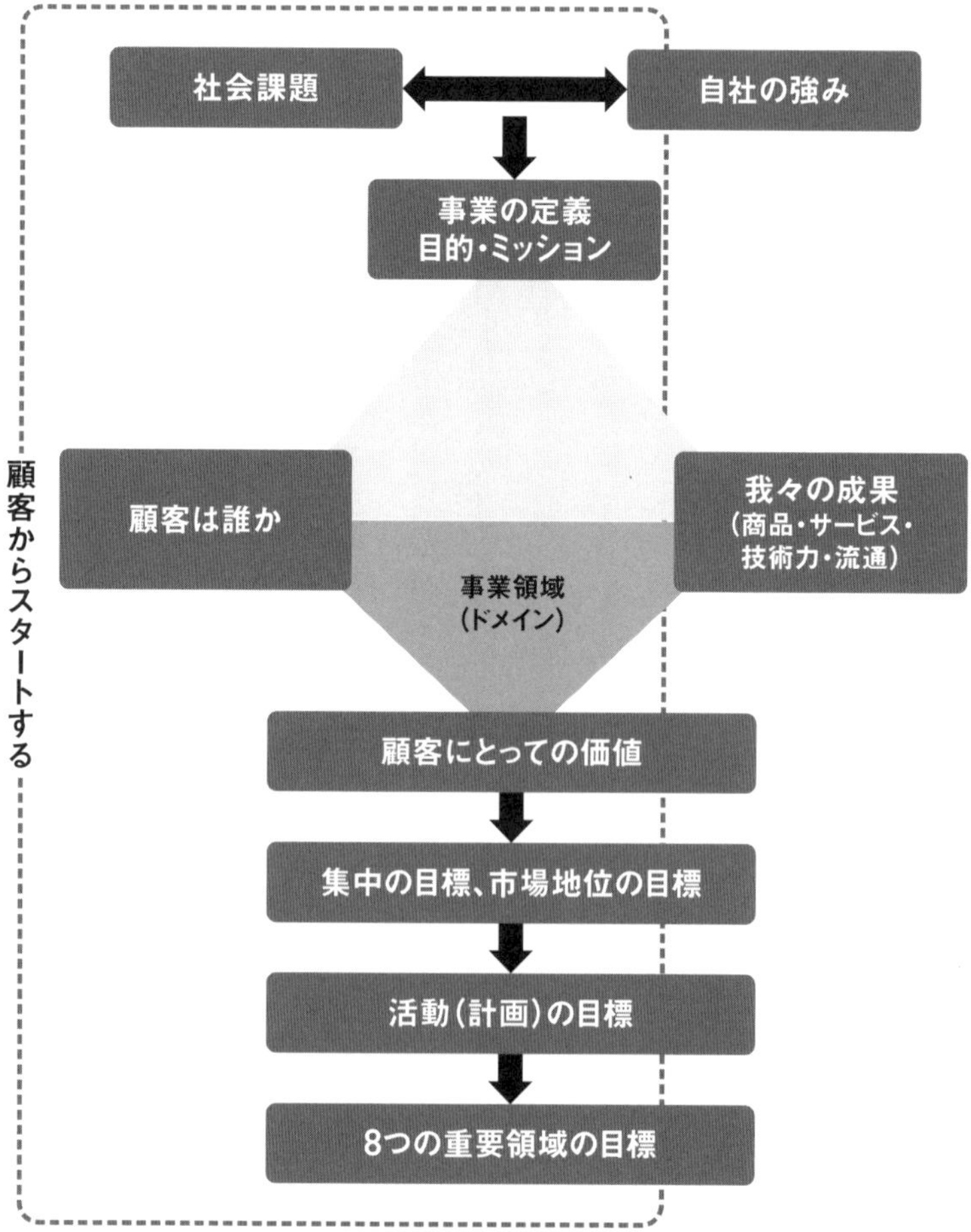

図 4-5　マーケティングとは何か（問 9）

問10 顧客創造プロセスが機能しているか

相談者　金属加工熱処理業、情報システム部門、課長

わが社は2年前、営業情報を組織内で共有するため、クラウド利用の営業支援システムを導入しました。ですが、いまいち効果を実感できません。

筆者　顧客数の増加や売り上げ拡大を継続的に進める仕組み、すなわち顧客創造の仕組みは実現できていますか？

相談者　顧客創造は何となくイメージできますが、顧客創造の仕組みとなると分かりません。そもそも当社にそのような仕組みがあるとは思えません。

筆者　顧客創造は、全社で構築すべき仕組みであり、プロセスです。この機会に一緒に学びましょう。

解説1 ▼ 情報共有は目的ではない

一般に営業支援システムは、商談情報や顧客情報など、営業員が入力した情報を共有できる機能があります。とはいえ、その機能があったからといって、売り上げ拡大などの成果に結びついているとは限りません。システムに最低限の情報しか入力しなかったり、ほとんど使わなかったりと、社員ごとに利用のムラが発生している企業が多いのです。そのシステムの導入を進めた情報システム部門やＤＸ推進部門は、何とか使わせようとベンダーに追加費用を払って改善を依頼するケースもあります。ここで改めて確認すべきは、営業支援ツールを導入する目的は、情報共有以上に、顧客獲得や売り上げ拡大、営業効率の向上であるという点です。ＩＴベンダーやコンサルは営業支援システムの目的を情報共有だと語ることが多いですが、それは本末転倒といえます。

解説２▼顧客創造プロセスとは何か

まず顧客創造の意味をおさらいしますと、営利組織の場合には「潜在需要（ノンカスタマーを含む）を有効需要に変えること」であり、非営利組織の場合は、「人生をより良くすること」です。営利組織についても、製品やサービスの提供を通じて「人生の質の向上に貢献する」という普遍的な目的を目指している点で、非営利組織と同じ方向を向いています。顧客創造プロセスとは、この普遍的な目的を実現する仕事のプロセスのことです。営利組織でいえば、最初に自社の商品を購入して顧客になった後、リピーターになり、商品への愛着が強いロイヤルカスタマーになり、と徐々に関係性を強くするプロセスが、体系的に設計されていることが理想です。ビルを建設するのに、構造計算・設計図・構造図・施工図面が必要であるのと同じく、見取り図のない場当たり的な対応では、顧客創造はできないのです。

自動二輪車のニッチ市場で世界的に卓越した企業に、米ハーレーダビッドソンがあります。この会社の顧客創造プログラム（社内では「需要創出・顧客維持活動」と呼んでいます）には、12段階のプロセスがあります。①顧客予備軍へのアプローチ、②顧客開発（試乗会やイベントなど）から始まり、⑥成約・ユーザー化に至り、最後には、⑩車検・点検などのフォロー、⑪代替買い替え交渉、といった形で着実に顧客創造を進めるプロセスが設計されています。さらに驚くべきことに、⑫流出フォロー（離脱顧客への対応）まであります。これらが、同社のCRM（顧客関係管理システム）の柱になっているのです（『日本発ハーレーダビッドソンがめざした「絆」づくり』p.170）。

相談者の会社は、金属材料の熱処理や部品加工をしています。金属3Dプリンターなどの設備も有しており、複雑な金属製品を受注生産で提供しています。こうした企業は、顧客の一社一社をよく知っているはずですし、引き合いがあってからの営業的な働きかけも計画的に行うことができるでしょう。相談者は、情報システム部門内のチームリーダーとして、上司の部長やCIO（最高情報責任者）と相談して、技術部門や品質管理部門など、全社あげて顧客創造プロセスを構築することを促すことができると思います。

解説3▼顧客創造プロセスを設計する

それでは、顧客創造プロセスを設計する概要を、法人向け事業を例に説明します。

(1) 潜在顧客に対する活動（潜在需要開拓プロセス）

この段階では、展示会来場者やWebサイトの登録者へのアンケート、口コミの収集など、潜在顧客から自社製品への関心度合い・ニーズの情報を入手することに集中します。できれば併せてT

Ｖ広告や雑誌、新聞などで自社と商品の情報を発信しておきます。

（２）見込み顧客に対する活動（見込み客開拓プロセス）

展示会来場者やＷｅｂサイト登録者へのアプローチに加え、営業部門や技術部門が日ごろの業務において問い合わせや相談を受けている見込み顧客への働きかけが有効です。商品の購入前のアプローチですから、少し関心があるが積極的に問い合わせまではしない見込顧客は、こちらからのアプローチに対して好感を持ちやすいのです。商品の無償試用も有効ですが、それで終わりにならないよう、さらに興味を持続させる工夫が要ります。

（３）新規顧客に対する活動（成約・顧客化プロセス）

ここは、営業部門の本業です。見込み顧客を新規顧客に成長させられるかが問われます。見込み顧客との的確な商談、提案力が新規顧客を創出します。

（４）リピーターに対する活動（フォローアッププロセス）

リピーターは、最も大切な顧客といっても良いでしょう。購入回数に応じて、より付加価値の高いサービスを提供するようにします。

（５）ロイヤルカスタマーに対する活動（特別フォロープロセス）

リピーターとロイヤルカスタマーは違います。ロイヤルカスタマーには、商品開発に参加してもらうなど、リピーター向けとは異なる特別のフォロープロセスを準備します。

顧客創造プロセスの段階と各部署の役割のマトリクス図

顧客成長段階（↑）	顧客創造役割部署等 ＼ 顧客創造プロセス	WEBチーム	CS部	営業部	技術部	品質管理部
ロイヤル	特別フォロー					
リピーター	フォローアップ					
新規顧客	成約・顧客化					
見込顧客	見込客開拓					
潜在顧客	潜在需要開拓					

それぞれのマス目の中に
顧客の状況に合わせた
各部署の活動を書きます

※この図では顧客創造プロセスは5つですが、さらに細かく分けても良い。
※WEBチーム：ネットやスマホを活用した顧客とのやり取りを担当
※CS部：カスタマーサポート部門。顧客からの問い合わせ、苦情などへの対応を担当

図4-6　顧客創造プロセスが機能しているか（問10）

問11 マーケティングの目標とは何か

相談者　雑貨品小売り販売チェーン本部、商品開発部、チームリーダー

コロナ禍前から少しずつ海外出店を進めてきましたが、近年は出店が加速しています。これを機会に海外市場向けマーケティングを見直したいと思っていますが、どのようにマーケティングの目標を設定したらよいのか分かりません。

筆者

それでは将来のことを考えて、マーケティングの目標を体系的に整理しておきましょう。

解説1▼体系的なマーケティングの目標

マーケティングは、いち専門部署が行えばよいというようなものではありません。コトラーとドラッカーも言っているように、全社的に取り組むべき活動です。第1章で学んだ基本計画（事業の定義、5つの重要な質問）から、事業領域を改めて確認します。

そのうえで、［問9］で学んだ「集中の目標」と「市場地位の目標」を定めます。どの事業に集中するか、どの顧客に集中するか、その市場でどのような地位を目指すかを最初に検討した後、顧客創造プロセスの構築に関わる目標を設定し、その他のマーケティングの目標も設定することになります。

解説2▼顧客創造プロセスの構築に関わる目標

いずれの組織も、顧客創造プロセスを設計し導入することで、卓越した成果をあげることが可能です。そのためには、次のステップの実行を目標に掲げることで、自組織の顧客創造プロセスを構築します。それに沿って組織の全部署が有機的な連携をとり、顧客との接点を改善できれば、その成果は、顧客増、新市場開発、新商品開発、決算レベルの収益性の改善に大きく貢献できます。

顧客創造プロセスを構築するには、（1）顧客段階を定義する、（2）顧客創造プロセスを定義する、（3）顧客段階ごとのＷｅｂサイトや各部署の活動を定義する、（4）顧客創造プロセスを担う情報システムを構築する、（5）顧客創造プロセスについて従業員に教育する、（6）顧客創造プロセスの運用を開始する、（7）運用6カ月後に評価し改善する、という期限を伴う目標を設定します。顧客創造プロセスを構築するには、3カ月から6カ月が理想ですが、実際には10カ月から1年くらいかかるかもしれません。

解説3▼市場と製品分野の目標

この分野でのマーケティングの目標は、次のようなものがあります。

（1）既存の市場における既存製品の目標（売り上げ、シェア）

（2）既存の市場における新製品の目標（売り上げ、シェア）……ここでいう新製品は、これから開発するものではなく、組織が新商品と位置づけた、市場投入間もない新製品のことです。

（3）市場に関する目標……新規開発する市場、最近開発した新市場の規模などを検討します。

（4）既存製品の廃棄についての目標……強みや競争力を失った既存品の廃棄を検討します。

（5）既存製品のバランスについての目標……顧客・市場の需要と製品ごとの出荷量を検討します。

解説4 ▼ 流通チャネル分野の目標

（1）流通チャネルについての目標……代理店、量販店、直営店、フランチャイズなどを検討します。

（2）通信販売についての目標……ネット通販、メール通販などを検討します。

（3）物流についての目標……流通チャネル、通信販売ともに、最適な物流を検討します。

解説5 ▼ アフターサービス分野の目標

アフターサービスは、顧客創造プロセスにおいては、顧客段階を次ステージに引き上げるという意味で重要な活動です。単純に製品を購入した後に対する活動とするほど粗いものではなく、顧客創造プロセスにおける顧客段階に応じて柔軟に、的確に対応してこそ、有効に働きます。その例は以下の通りです。

（1）潜在顧客に対して……試用の敷居を下げる、新規顧客になるメリットなどを伝えるフォローを継続することが有効です。

(2)見込み顧客に対して……試用体験者への情報提供、営業部門や技術部門、Ｗｅｂサイトなどからの適切なアプローチが有効です。相談企業の場合には、もともと店構えから店内レイアウトや陳列も含めて、ちょっと寄ってみたくなるファッサードが強みですから、海外展開する場合にも、そのような強みをうまく広報できればよいのではないかと思います。

(3)新規顧客に対して……成約顧客に対して製品利活用に関わる情報を提供する、顧客に不具合の有無や顧客要望をこまめに聞く、利用者満足度アンケートを適切に活用するなどが有効です。スマホを使ったポイント割り増しのご案内やお勧め商品の情報提供も、「また行きたくなる」動機づけやきっかけづくりにつながる施策です。

(4)リピーターに対して……営業部門や技術部門に加え、品質管理部門など他の部署も巻き込み、利用の注意点や製品のさらなる利活用のノウハウの提供、関連情報の提供などに努めリピート率を高めます。あるファッションアパレルメーカーは、ちょっとした製品の活用情報をブロガーが書いたことで、リピーターの数が増えたと聞いています。

(5)ロイヤルカスタマーに対して……ロイヤルカスタマーのアフターサービスのポイントは、「普遍的な価値観」を持つパートナーとして生産的な関係を維持できるかです。新商品開発や事業運営上の改善点を一緒に考えてもらう機会を提供するなど、特別なフォローが有効です。ユーザーコミュニティーをつくり、その中でロイヤルカスタマーに特別な役割を担ってもらうなども、特別なフォローの一例といえます。

マーケティングに関わる目標設定の例

	活動（CSF）と測定尺度	目標値	担当者	日程
2. マーケティング	[集中の目標・市場地位の目標]			
	1. 集中の目標... 市場、顧客、商品			
	2. 市場地位の目標... No.1 を目指すか、No.2 を目指すか。			
	[顧客創造プロセスを構築する目標]			
	1. 顧客段階の定義... 期限：			
	2. 顧客創造プロセスの定義... 期限：			
	3. 顧客段階ごとの活動の定義... 期限：			
	4. 情報システムを構築する... 期限：			
	5. 顧客創造プロセスを教育する... 期限：			
	6. 顧客創造プロセスの運用開始... 期限：			
	7. 運用の評価と改善... 期限：			
	[顧客分野の目標]			
	1. 潜在顧客に対する活動（潜在需要開拓プロセス）			
	2. 見込み顧客に対する活動（見込客開拓プロセス）			
	3. 新規顧客に対する活動（成約・顧客化プロセス）			
	4. リピーターに対する活動（フォローアッププロセス）			
	5. ロイヤルカスタマーに対する活動（特別フォロープロセス）			
	6. 信用供与の目標			
	[市場と製品分野の目標]			
	1. 既存の市場における既存製品の目標（売上、シェア）			
	2. 既存の市場における新製品の目標（売上、シェア）			
	3. 新市場に関する目標			
	4. 存製品の廃棄についての目標			
	5. 既存製品のバランスについての目標			
	[流通チャネル分野の目標]			
	1. 流通チャネルについての目標			
	2. 通信販売についての目標			
	3. 物流についての目標			
	[アフターサービス分野の目標]			
	1. 潜在顧客に対して			
	2. 見込み顧客に対して			
	3. 新規顧客に対して			
	4. リピーターに対して			
	5. ロイヤルカスタマーに対して			

図 4-7　マーケティングの目標とは何か（問 11）

第3節 イノベーションの問い

第1章で述べたように、事業の目的は「顧客の創造」です。事業を継続するには、マーケティングとイノベーションを一体として取り組み、継続的に顧客を創造することが求められます。イノベーションとは社会のニーズを新たな事業機会にすることであり、より良い社会づくりに貢献することです。そのためには、イノベーションを継続的に生み出す組織文化があること、新商品・新サービスの開発プロセスが的確に機能していることが基本になります。

普遍的な価値観を持ち、自社の強みを共通善（ＳＤＧｓはその象徴です）の実現に対して貢献することができれば、事業は長く継続し、組織やチームも成長します。もちろん、そのリーダーである自分自身の成長にもつながり、大いに期待が持てることになります。

本節では、イノベーションを通じて職場とチームの成果をあるために、次の「問い」について一緒に学びます。

問12 イノベーションとは何か
問13 イノベーションを生み出す組織文化があるか
問14 新商品・新サービス開発プロセスが機能しているか
問15 イノベーションの目標とは何か

問12 イノベーションとは何か

相談者　電子機器関連資材メーカー、新事業開発本部、チームリーダー

当社は、創業50年です。研究開発力の高さを強みにこれまで順調に業容を拡大してきました。ただ最近は競争が激化した結果、既存事業の売り上げの伸びに勢いがなくなりました。新規事業の開発が急務になり、私が新規事業開発本部のチームリーダーに任命されました。ただ従来の技術主体のイノベーションでこれからもやっていけるのか悩んでいます。

筆者

目指す「イノベーション」の定義をもっと広く考えるといいかもしれません。業容がそこそこ良い今だからこそ、改めてイノベーションについて考えてみましょう。

解説1▼イノベーションの目的は社会経済にプラスの変革をもたらすこと

一般にイノベーションとは「技術革新」と思われがちですが、ドラッカーのマネジメントにおいてイノベーションとは、社会のニーズを、利益をあげる事業機会にすることです。これには新技術の発明はもちろんのこと、商品やサービスの改良や新しい用途の発見、業務改善による付加価値の向上も含まれます。いずれの場合も、社会経済にプラスの変革をもたらしてこそイノベーションといえるのです。

解説2▼7つの変化を事業機会に変える

イノベーションには、市場や顧客のニーズと新商品・サービスとを結びつけるマーケティング機能が不可欠です。マーケティングによって社会ニーズを知ることになりますが、このとき、ドラッカーが説く次の「イノベーションの7つの機会」(『イノベーションと企業家精神』より)が参考になります。

(1)予期せぬ成功と失敗を利用する……例えば、今まで取引がなかった顧客からサンプル品を求められたり、既存の顧客から繰り返し受けていたサンプル品の依頼がなくなったりした場合は、顧客のニーズや価値観、認識に何らかの変化が起きた可能性があります。こうした変化をよく分析し、その原因を分析して対応策を検討すれば、新たな事業機会の発見につながります。

(2)ギャップを利用する……予算と実績、顧客との認識や価値観のギャップ、自社の仕事の手順が顧客の要望に合わないといったプロセスのギャップは、いずれもイノベーションの機会になり得ます。

（3）新たなニーズを利用する……顧客の業務プロセスの弱みや欠陥、顧客の人手不足や知識・技術不足を見つけ、それを満たすことにより、新たな事業機会を手に入れることが可能です。

（4）産業構造の変化を利用する……自動車業界では需要がガソリン車からハイブリッド車や電気自動車にシフトしたことで、調達先の部品メーカーを巻き込んだ産業構造の変化が起きています。相談者の顧客である半導体メーカーも、ＡＩ（人工知能）に特化した製品への需要が高まるなど変化の最中にあります。こうした構造の変化に合わせ、自社の持っている技術的優位性をどのように生かしていくべきかを検討します。

（5）人口構造の変化を利用する……自社製品の顧客である消費者層の人口構造、あるいは製品を販売する地域の人口構造の変化を調べ、自社の製品がどのような影響を受けるかを検討し、必要な変革を実行することで新たな事業機会が生まれます。

（6）認識の変化を利用する……例えばエネルギー分野では、原子力発電の安全神話が崩れ、より安全で持続的な電力源が大切であると顧客の認識が変化したことで、再生エネルギーに対する市場ニーズが一気に高まりました。自社の市場において、このような顧客の認識の変化が起きていないか、それが市場のニーズに影響するかを検討することで、その認識の変化に即した新たな事業機会を生み出せます。

（7）新しい知識を利用する……自社の強みと相乗効果を生みそうな新しい知識を基に、新製品や新サービスを開発できないかを検討します。例えば、AIをはじめとするデジタル技術やバイオテクノロジーを活用して、新製品開発や製造のプロセスを革新する機会を見いだします。

これらイノベーションの7つの機会は、(1)から順に、イノベーションの成功確率が高いとドラッカーは述べています。一度、これらの視点から検討してはいかがでしょうか。

解説3▼新事業を起こす基本と原則

新事業を起こすには、事業の中心となる新商品や新サービスの開発が不可欠です。第3章で学んだMSC基本計画（事業の定義と5つの重要な質問）の作り方が、この新商品や新サービスの開発においても、基本となります。

新事業を開発する場合は、その出発点が、第1章でみた普遍的な価値観や信条に基づくものであることを確認します。そうした価値観が見えない新事業は、周囲の支持を得られず、長続きしません。そこで、次のような順序で検討していきます。

［価値観と信条］……SDGsなど社会のニーズに応えるという意味で、完全性・共通善・倫理という普遍的な価値観と、真摯さという信条を改めて確認してください。さらに、これらと矛盾しない価値観や信条、例えば、「誠実さ」「社会貢献」「挑戦」などの理念を追加するのは、会社の経営層をはじめ社内外の関係者の支持を得るためにも有効です。これ以降の「問い」とその「答え」については、新事業開発の基本計画の作り方として［ケース編・ケース1］を参考にしてください。

マーケティング機能

イノベーションの7つの機会

1.予期せぬ成功と失敗を利用する
2.ギャップを利用する
3.新たなニーズを利用する
4.産業構造の変化を利用する
5.人口構造の変化を利用する
6.認識の変化を利用する
7.新しい知識を利用する

↓

MSC基本計画

新事業開発・新商品・新サービス開発・業務改革

[価値観(完全性・共通善・倫理)・
信条(真摯さ・利他の心・貢献人)]

問0 [事業の定義]
問1 目的・ミッションは何か
問2 顧客は誰か
問3 顧客にとっての価値は何か
問4 我々の成果は何か
問5 我々の活動計画は何か

↓

新商品・新サービス・新事業の実現
よりよい社会の実現 (社会創造)

図 4-8 イノベーションとは何か (問 12)

問13 イノベーションを生み出す組織文化があるか

相談者　複合レジャー施設運営会社、経営企画部、課長

わが社は、ホテルやゴルフ場、遊戯施設の開発・運営事業をしています。インバウンド需要を受けて業績は比較的好調です。現在策定中の中期経営計画では、前例踏襲を重んじるこれまでの組織文化を排し、デジタル時代にふさわしいイノベーションに挑戦する組織に変革するとの方針を打ち出す予定です。市場環境に左右されやすい業界ですが、今後は安定した成長を目指し、継続的にイノベーションを起こせる組織に変革したいと考えています。

筆者　イノベーションに適した組織への転換ということですね。挑戦を奨励する社風はありますか？

相談者　社訓には「誠実」や「社会貢献」を掲げていますが、「挑戦」はありませんね。

筆者　それでは、イノベーティブな組織に変革するための基本を整理しておきましょう。

解説1 ▼ドラッカーの信奉者がグーグルの人間像を創った

イノベーティブな組織文化を創る第一歩は、目指すべき人間像を創ることです。人（ロールモデル）から始めることの大切さを、米グーグルの創業期や成長期に見ることができます。

今日のグーグルはその名を聞かない日はないほどの超大手企業に成長しましたが、2人の創業者、ラリー・ペイジとセルゲイ・ブリンが1998年に創業した当時から、その戦略や企業文化は特徴的でした。優秀なエンジニアをできるだけ多く集めるために採用したのが、「彼らエンジニアの邪魔にならないようにする」という戦略であり、それを実現するための自律型組織の運営でした。事業計画に従わせるのではなく、社員に自由と権限を与えて技術的イノベーションを最優先にする経営だったのです。さらに、その経営に「大人による監視」を持ち込んだ一人がエリック・シュミットでした。創業間もない企業の強みを伸ばすと同時に、上場企業にふさわしい経営スタイルにするために、2001年にグーグルの最高経営責任者（CEO）に着任しました。そこから、2人の創業者にエリック・シュミットが加わったトップマネジメントが、今日の成功を遂げたグーグルの急成長を牽引《けんいん》しました（『How Google Works』参照）。

実は、このエリック・シュミットは、ドラッカーの信奉者でした。彼は、ドラッカーが使った「知識労働者」という言葉にヒントを得て、専門性とビジネススキルと創造力を併せもつ多彩な人材「スマート・クリエイティブ」を、インターネット時代の成功のカギを握る目指すべき人間像としました。それをもってグーグルを大人の会社に成長させるべく、経営スタイルを進化させ続けたのです。スマート・クリエイティブは、分かりやすく言えば、創業社長（アントレプレナー）のように働く技術者ということです。イノベーティブな組織文化をつくるための第1の条件は、「社員一人ひとりが高い専門性とアントレプレナーシップを併せもち仕事をする」ような組織を目指すことです。

解説2▼グーグルにみるイノベーションを生む施策

イノベーティブな組織文化を創る第2の条件は、イノベーションを継続的に生む仕組みづくりです。

解説1に続き、グーグルの事例を紹介しましょう。

＊イノベーションプロセス……新サービスや新事業が次々に生まれる仕組み

グーグルは「原始スープ」という名の社内サイトを開設し、社員が新ITサービスについて多彩なアイデアを自由に投稿したり、好きなアイデアに投票したりできるようにしました。アイデアを気に入った有志が集まって企画書を作成した後、実際にITサービスを試作して社内に公開し、他の社員からフィードバックを受けます。反応が良ければユーザーに無料公開し、その反応から事業化を検討します。同社の代表的なサービスの1つであるGmailも、このような組織文化から生まれました。

＊人事……最高の人材を集め最高のパフォーマンスを引き出す仕組み

イノベーションを生み出すグーグルの人事上の施策としてまずあげたいのが、優秀な人材の採用を「社員全員が取り組むべき仕事」として評価していることです。もちろん最終的な採用判断は「会社にとって何が最適か」の視点から採用委員会が判断します。さらに入社後は、採用した社員一人ひとりの強みを伸ばす仕組みがあります。1999年に目標設定・管理法のOKR[注1]を導入してから、一気に社員のやる気にポジティブな変革が起こったのです。OKRに基づく評価は、賃金と結びつけないことが前提です。不可能と思える目標を立て、それにチャレンジすることが奨励されると同時に、現実の成果に直結する作業や習得すべき技術にもコミットし、そのパフォーマンスを自己評価することが求められます。上司は支援者、協力者、メンターを務めます。

＊予算……20％ルールがイノベーションプロセスの第一歩

ポスト・イットで有名な米3Mには1948年から導入している「15％ルール」があるように、グーグルにも「20％ルール」があります。いずれも勤務時間の中で新しいアイデアや試作に自由に取り組んでも良い時間を決めたものです。3Mもグーグルも、このルールが、社員の自由な発想と自由意思を尊重して、イノベーションプロセスにつながる前提条件になっているのは間違いありません。

注1 OKR（Objectives and Key Results）は目標設定・管理法の一つで、その源流は、インテル創業メンバーのアンディ・グローブとピーター・ドラッカーにさかのぼります。グローブは、「これがアンティ・グローブの出発点となり、今日われわれがOKRと呼ぶものの起源となった。」（ジョン・ドーア著『Measure What Matters』p.44）と述べていることから、ドラッカーが1954年発行の『現代の経営』で著した自己目標管理（Management by Objectives and self-control）をヒントに、グローブがインテルで独自の目標管理制度を開発し発展させました。それを後継社長のジョン・ドーアが、インテル退社後投資家に転じ、シリコンバレーのスタートアップ企業に広めました。

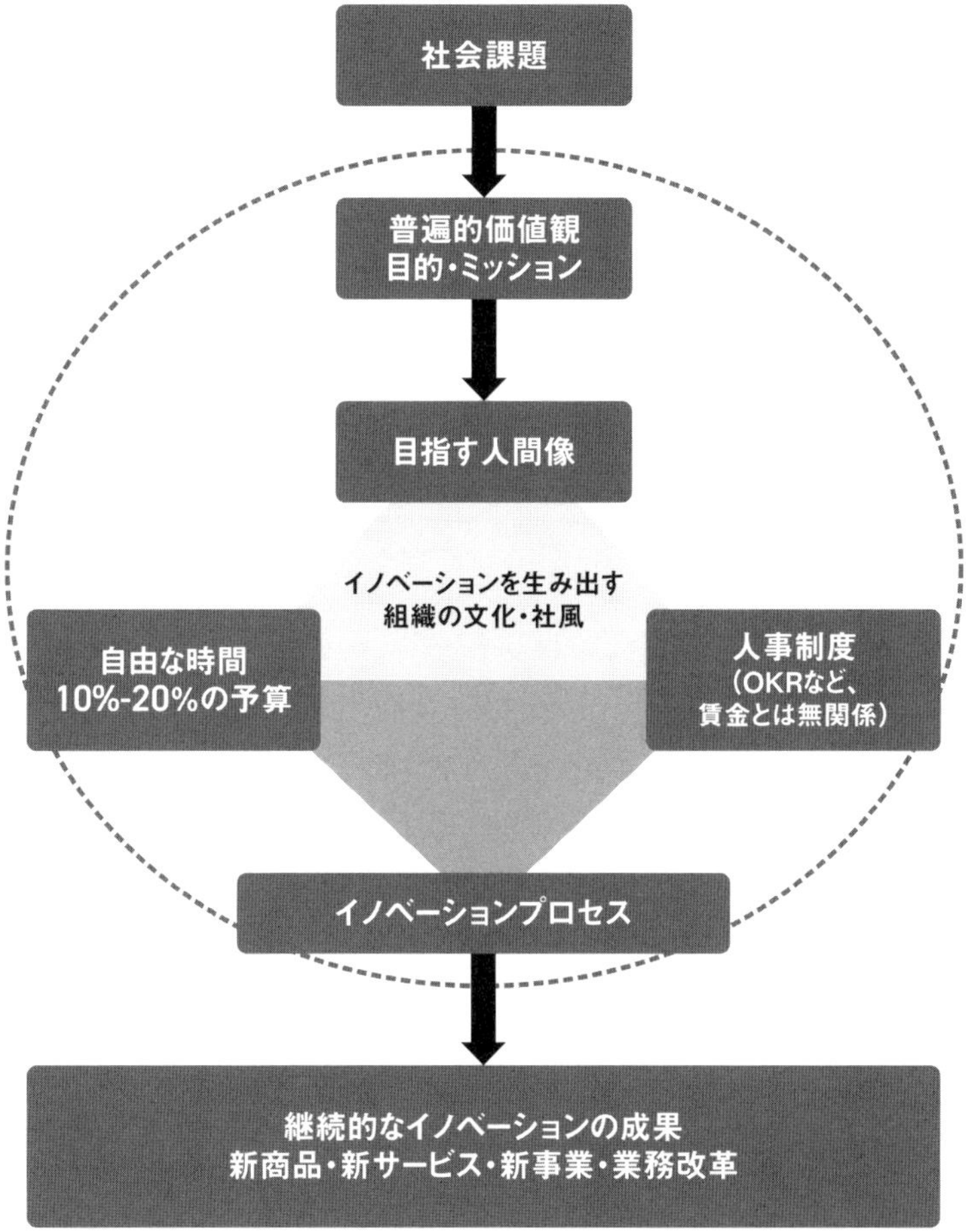

図4-9　イノベーションを生み出す組織文化があるか（問13）

問14 新商品・新サービス開発プロセスが機能しているか

相談者　**理美容資材メーカー、経営革新本部、課長**

当社はここ10年くらい、これといった新商品が出ていません。研究開発費に相当な金額を投じている他、社内提案制度も設けているのですが、成果が出ておらず、見直しをする必要性を感じています。私が所属する経営革新本部は、イノベーションを継続的に起こす施策を会社に提案するために発足したもので、私はチームリーダーになりました。

筆者　研究開発に投資をしてイノベーションを促してはいますが、肝心の新商品が出ないということですね。新商品を継続的に生み出すプロセスは機能していますか？

相談者　新商品の開発はしていますが、そのプロセスは属人的になっているように思います。

筆者　新商品を継続的に生み出すプロセスとしては機能していないようですね。一緒に学びましょう。

解説1 ▼ 新商品・新サービス開発プロセスとは

継続的に新事業を開発している企業には、イノベーションを継続的に生み出す社風・文化（問13参照）があります。そのうえで、新商品・新サービスを開発する次のようなプロセスがあります。

第1に、イノベーションのニーズや機会を発見すること。第2に、多数のアイデアを出すこと。

第3に、アイデアを新商品・新サービスに育てたいとの意思をもつ社内ボランティアを募ること。第4に、新商品・新サービスの企画書をつくること。第5に、役員がその企画書を評価し選定すること。第6に、予算をつけて試作品・試作サービスをつくること。第7に、試作品について顧客のフィードバックを得て改善すること。第8に、改善した試作品・試作サービスを基に再度、顧客や市場のフィードバックを受けること。第9に、具体的な事業計画を作成し、採算性・実現性・リスクに基づき事業化の可否を判断すること。第10に、新事業を開始すること。第11に、年度単位で実績を評価し改善するか撤退かを判断すること。これが、筆者が分析したエクセレントカンパニーに共通した新商品・新サービス開発プロセスです。

このプロセスは、スポーツの三段跳びに似ています。三段跳びは、ホップ、ステップ、ジャンプといわれますが、これは飛んでいる状態を表したに過ぎません。現実の三段跳びは、ホップの前の助走や、ジャンプの後の着地を含めて成立しています。新商品・新サービスの開発プロセスもこれに似ています。商品・サービスを創出する前と後のプロセスが、実ビジネスの成否を分ける場合があるのです。また、三段跳びの競技会では、1回の跳躍では終わらず何回かの試技（跳躍）を繰り返した後で、最長距離をアスリートのベスト記録にします。

新商品・新サービスの開発も、何度かの試作と失敗を繰り返すことで、最も良い成果を生むことができるのです。

解説2 ▼ ポスト・イットで有名な3Mの場合

ビジネスシーンでポスト・イットを使用する人は多いでしょう。3Mのイノベーションプロセスをポスト・イットの例でみると、おおむね次のように機能しています。

＊助走期間……1969年、研究員スペンサー・シルバーが、たまたま弱い接着剤を創り出しました。これは、接着剤としては、いわば失敗作でした。

＊ホップ……1974年、シルバーと同僚であり教会の聖歌隊のメンバーであった科学者アート・フライは、賛美歌集から目印にページに挟んでおいた栞《しおり》が滑り落ち、またか……と思った瞬間に、あの接着剤を使えばいいんだ、とひらめきました。

＊ステップ……2人は試作品の開発を始めました。商品コンセプトは「製品自体を貼ったりはがしたりできる機能を備えたまったく新しいメモ・ノートを、社内のコミュニケーションツールとして使う」というものでした。この試作制度はブートレッギング（密造酒づくり）といい、社内ボランティアをネットワーク化し、上司に内緒で製品開発ができる制度です。完成した試作品（粘着ノート）を全社に配布して使ってもらったところ、ポジティブな評価が出ました。

＊ジャンプ……1977年、アメリカ四大都市でテスト販売をするも、あまり売れませんでした。そこであるマーケティング担当が、テスト販売を改め、大量の試供品を用意して消費者に直接提供するという取り組みに変えたところ、配布先の9割から「商品を購入したい」との回答を得ました。

その後は順調に売れ始めました。

＊着地……１９８０年４月６日、ポスト・イット・ノートとして全米で発売されました。ポスト・イットというブランドも誕生しました。その後、このブランド名を冠する多数の商品が開発され、その数は現在では４０００種を超え、１５０を超える国々で販売されています（３ＭのＷｅｂサイトより）。

解説３▼ひとつの成功の裏には12の失敗がある

このポスト・イットの成功事例について、失敗作の接着剤から生まれたことをもって偶然から生まれたと強調する人もいます。ですが、それ以上に「失敗を良しとする文化」が３Ｍには根づいており、それが新商品開発のようなイノベーションプロセスの助走期間に位置づけられると理解することが大切です。

また３Ｍは、ポスト・イットの成功物語から、「ひとつの成功の裏には12の失敗がある」「どんなにばかげて見える未経験者のアイデアであっても、トップはその新しいアイデアには耳を傾ける」という格言を設けているのです。どんなアイデアでも尊重する、社内ボランティアを自由に集められるといった社内風土に加え、特に重要な技術革新と認定された企画には、優先的に予算を設定するプロセスも用意しています。個人が自らの勤務時間の15％を自由な研究に使えるという「15％ルール」も、新商品開発から新事業開発につながるイノベーションプロセスの助走期間に位置づけられます（『３Ｍ・未来を拓くイノベーション』）。これはサステナブル経営の基本といえるものです。

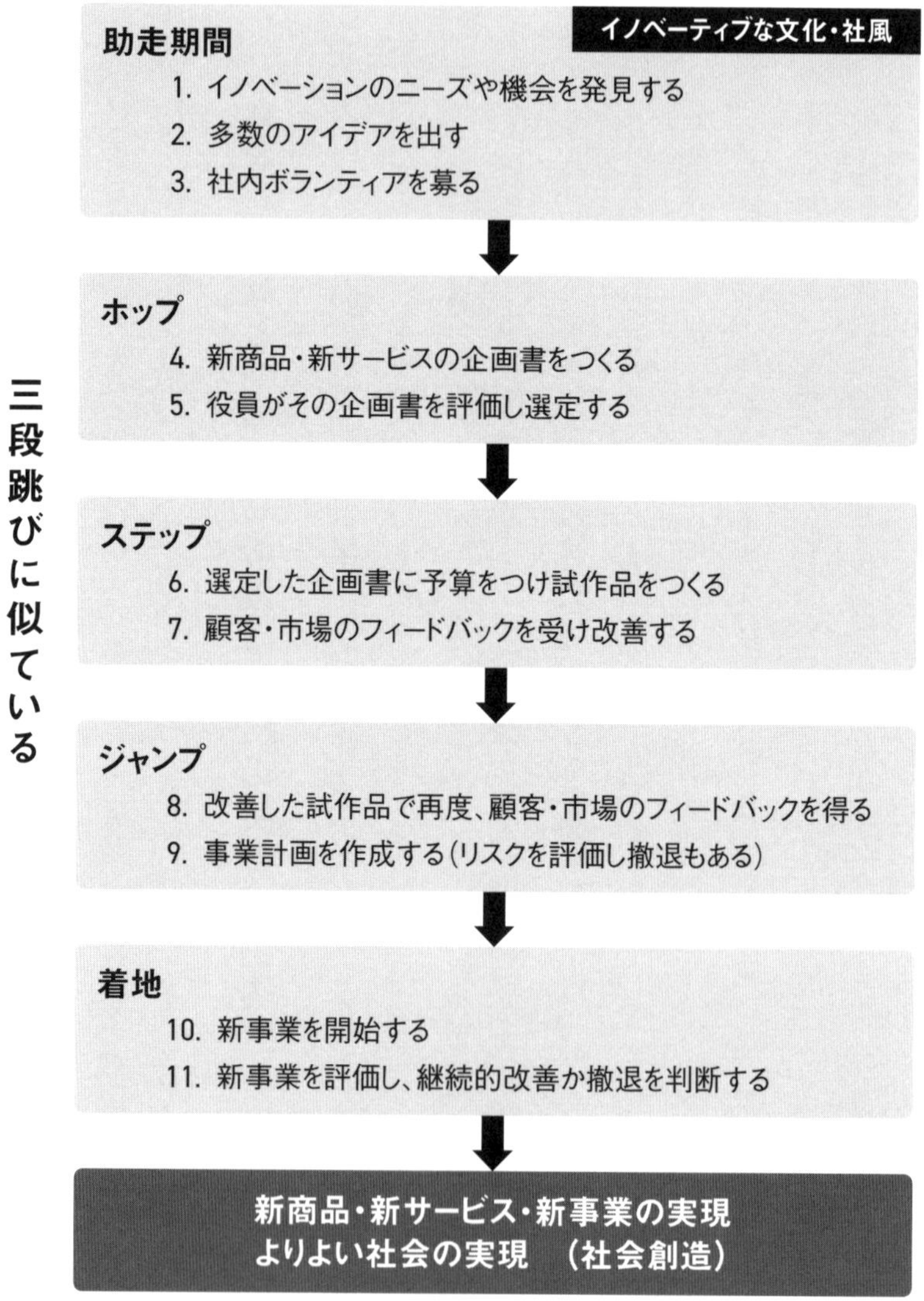
助走期間
イノベーティブな文化・社風
1. イノベーションのニーズや機会を発見する
2. 多数のアイデアを出す
3. 社内ボランティアを募る
ホップ
4. 新商品・新サービスの企画書をつくる
5. 役員がその企画書を評価し選定する
ステップ
6. 選定した企画書に予算をつけ試作品をつくる
7. 顧客・市場のフィードバックを受け改善する
ジャンプ
8. 改善した試作品で再度、顧客・市場のフィードバックを得る
9. 事業計画を作成する（リスクを評価し撤退もある）
着地
10. 新事業を開始する
11. 新事業を評価し、継続的改善か撤退を判断する
新商品・新サービス・新事業の実現
よりよい社会の実現　（社会創造）
三段跳びに似ている

図 4-10　新商品・新サービス開発プロセスが機能しているか（問 14）

問15 イノベーションの目標とは何か

相談者　内外装資材製造会社、商品開発部、課長

わが社は、業界では大手に位置づけられます。長年にわたり商品ラインアップを変えずにやってきましたが、今後は国内外向けに新商品・新サービスを開発し、事業変革につなげたいと思っています。ただ、我々商品開発部の力だけでは、限界があると感じています。部署を問わず全社的なイノベーションに取り組めるよう、他部署の社員に向けてどのような目標やメッセージを掲げればいいでしょうか？

筆者

おっしゃるとおり、イノベーションは全社的に取り組むべき仕事です。ここで改めて、イノベーションの目標について、整理しておきましょう。他部署と連携して取り組むべき目標も含めて整理します。

解説1▼イノベーションの組織文化をつくる

新しいことには失敗がつきものです。これまで3Mやグーグルの例で述べたように、新商品や新サービスが新事業になるまでには、たくさんのアイデアが生まれては消えています。試作まで進んだものの事業化を見送った企画も多数あるでしょう。3Mのように「失敗コンテスト」を開催するなど、積極的に失敗を奨励する企業もあります。一方、日本の企業では「失敗しないことが評価される」という暗黙の方針が、既存業務にとどまらず、新規事業開発におよぶこともあります。まだ事業化していない段階から既存事業と同じ厳格な管理をしてしまい、せっかくのイノベーションの芽を摘んでしまうことも多々あります。

このような視点から、次の「イノベーションの組織文化をつくる目標」として、イノベーション教育の推進、「失敗を許容する文化」の教育、イノベーションプロセスの導入と改善、イノベーティブ人事施策（15％ルール、ＯＫＲなど）の導入と改善の目標（活動計画、担当者の決定など）を設定する必要があります。また、「イノベーションに積極的に取り組む精神」を会社の行動指針に掲げるなど、会社として一丸となってイノベーションに取り組む姿勢を組織の内外に宣言することも有効です。

こうした活動は、なにも経営層や経営企画部門だけの役割ではありません。相談者が所属する商品開発部から経営企画部門などに提案する活動も、イノベーションの活動の一つです。「組織の文化を変えるなど、自部門の仕事ではない」と他人事として捉えないようにしてください。

解説2▼主要なイノベーションの目標

全社的なイノベーションの目標は、組織文化や行動指針の変革を促すことから入るというのが鉄則です。その土台を日常的に造成しつつ、次の主要なイノベーションの目標を設定していきます。例えば、商品開発部の本業もしくは本業と深い関わりがあると思われる項目は次の通りです。

【研究・技術の開発力を向上させる目標】
・研究・技術開発プロセスの改善（アイデア数、論文数、時間短縮）
・特許や業界標準の取得（出願数、取得数）

【新商品・新サービスの開発力を向上させる目標】
・新商品・新サービス開発プロセスの改善（アイデア数、失敗回数、新規開発数）
・製造プロセスの改善（リードタイム短縮）

【体系的廃棄の目標】
・対象商品・サービスの廃棄（数、規模）　・対象市場の廃棄（数、規模）

【市場におけるイノベーションの目標】
・新規市場開発プロセスの改善　・新市場開発（数、規模）

【バリューチェーンにおけるイノベーションの目標】
・流通チャネルの見直し（取引条件改善、新規チャネル数）　・生産拠点・調達先の見直し

【顧客関係におけるイノベーションの目標】
・顧客創造プロセスの改善　・営業プロセスの改善

解説3▼他部署と積極的に協力して取り組むべき目標

イノベーションの目標の中には、相談者が所属する商品開発部とは関連が薄いと思われがちな項

目もあります。組織をまたがる業務改革や、デジタル人材の採用などがそれに当たります。ただ、DX（デジタルトランスフォーメーション）が叫ばれ全社的な事業変革が求められている今日では、相談者のような現場のリーダーやマネジャーこそ、これらの目標を自分事として捉え、取り組むことが望まれます。それには次の内容があります。

【人的資源におけるイノベーションの目標】

・職務定義書の作成と改善
・イノベーティブ人材（デジタル活用人材、PM：プロジェクトマネジャー含む）育成プロセスの構築と改善
・自己目標管理制度の構築と改善（OKR、マネジャーズ・レター）

【継続的な業務改革の目標】

・業務改革プロセスの構築と改善　・基幹業務プロセスの改善
・支援業務プロセスの構築と改善

【DX推進における目標】

・基幹システムの刷新　・システム開発プロセスの改善　・システム運用保守の改善
・セキュリティー強化　・AI活用の推進　・デジタルリテラシーの向上
・IT／DX部門の能力強化

イノベーションに関わる目標設定の例

	活動（ＣＳＦ）と測定尺度	目標値	担当者	日程
3. イノベーション	[イノベーションの組織文化づくり]			
	1. イノベーション教育の推進／「失敗を許容する文化」の教育			
	3. イノベーション・プロセスの導入と改善			
	3. イノベーティブ人事施策の導入と改善			
	4. 自由時間の文化：15% ルールの実践			
	[研究・技術の開発力を向上させる目標]			
	1. 研究・技術開発プロセスの改善（アイデア数、論文数、時間短縮）			
	2. 特許や業界標準の取得（出願数、取得数）			
	[新商品・新サービスの開発力を向上させる目標]			
	1. 新商品・新サービス開発プロセスの改善（アイデア数、失敗と新規開発数）			
	2. 製造プロセスの改善（リードタイム短縮）			
	[体系的廃棄の目標]			
	1. 対象商品・サービスの廃棄（数、規模）			
	2. 対象市場の廃棄（数、規模）			
	[市場におけるイノベーションの目標]			
	1. 新規市場開発プロセスの改善			
	2. 新市場開発（数、規模）			
	[バリューチェーンにおけるイノベーションの目標]			
	1. 流通チャネルの見直し（取引条件改善、新規チャネル数）			
	2. 生産拠点・調達先の見直し			
	[顧客関係（ＣＲＭ）におけるイノベーションの目標]			
	1. 顧客創造プロセスの改善			
	2. 営業プロセスの改善			
	[人的資源におけるイノベーションの目標]			
	1. 職務定義書の作成と改善			
	2. イノベーティブ人材育成プロセスの構築と改善			
	3. 自己目標管理制度の構築と改善（ＯＫＲ、マネジメント・レター）			
	[業務改革の目標]			
	1. 業務改革プロセスの構築と改善			
	2. 基幹業務プロセスの改善			
	3. 支援業務プロセスの構築と改善			
	4. ナレッジマネジメントシステムの構築と改善			
	[ＤＸ推進における目標]			
	1. 基幹システムの刷新			
	2. システム開発プロセスの改善			
	3. システム運用保守の改善			
	4. AI 活用の推進			
	5. セキュリティの強化			
	6. DX 人材の育成、デジタルリテラシーの向上			
	7. IT/DX 部門の能力強化			

図 4-11　イノベーションの目標とは何か（問 15）

第4節 人的資源の問い

ドラッカーは、『マネジメント』の中で人は資源であると述べています。宝石に例えれば原石です。そのままで利用するのではなく、加工して付加価値（仕事の能力と人格的成長）をつけてこそ、職場やチームに貢献できるようになります。特に日本のように知識労働者が多い職場では、彼らを惹きつけ、とどめ、能力を発揮させ、かつ彼ら自身にも働きがいをもってもらうことが、成功への大きな一歩です。

そのためには自らを成長させて、付き従う人に範を示す必要があります。このとき「人に教えることほど自らの勉強になることはないのと同様、人の自己啓発（self-development）を助けることほど自らの自己啓発に役立つことはない。事実、人の成長に手を貸すことなく自らが成長することはありえない。自らの自らに対する要求水準が上がるのは、人の成長に手を貸すときである。」（『マネジメント』［中］pp.67-68）とのドラッカーの言葉が指針を示してくれます。

本節では人的資源のマネジメントの基本と原則を、次の［問い］に答えることで学びます。

問16　社員を成長させる基本と原則は何か
問17　人をマネジメントする基本と原則は何か
問18　自己目標管理は機能しているか
問19　人的資源の目標とは何か

問16　社員を成長させる基本と原則は何か

相談者　**電機設備・土木工事等建設業、研修センター、リーダー**

わが社は中堅建設業です。最近は、外国人や女子社員が増えるなど社員構成が多様化したため、数年前から社員教育を見直し、社員の成長を促したいと思っています。研修内容の改善提案もしたいので、相談に乗ってもらえませんか。

筆者　見直しの中で課題はありましたか？

相談者　社員からは「研修を受けたときは内容を理解しているが、現場では忘れてしまうことが多い」との声がありました。そこで、もっと現場に即した、実践的な内容にしたいと考えています。

筆者　それだけで良いでしょうか。社員を成長させるための基本と原則を一緒に確認しましょう。

解説1▼研修担当と上司の自己満足で終わっていないか

人材不足が叫ばれる今日、企業にとって社員の能力アップは喫緊の課題です。職場やチームを率いる管理職にとっても、部下の能力向上は、組織として成果を出すために不可欠です。冒頭に述べたように、人は資源であり、宝石にたとえれば原石です。原石を加工することで、原石よりもずっと価値が上がります。社員研修から上司による指導まで、社員育成の環境を整えることで、新しい価値を生む人材に社員自ら成長することが期待できます。

ただし、そうした施策が研修担当や上司の自己満足に陥っていては、たいした成果をあげることはできないでしょう。研修内容は、現場で働いている社員のニーズを無視しては、現場で役に立つ実践的な内容にはならないことが多いからです。「研修させてやっている」という上司と研修担当者の自己満足で終わらせないためには、どうしたら良いでしょうか。

解説2▼社員満足度調査が部下育成の第一歩

社員を育成する第1歩は、「社員の声を聞くこと」です。このことは意外と知られていません。

今回のケースでは相談者が、研修を受けた社員から「現場では忘れてしまうことが多い」との声を聞き、研修のあり方を見直そうとしています。見直しの方向性はともかくとして、「社員の声を聞く」というこのプロセスにこそ大きな意味があります。社員自身の成長実感について社員の声を素直に聞くという意味での社員満足度調査（エンゲージメントサーベイ）をしている企業は、実はそんなに多くはありません。

社員満足度調査が会社をより良くする好例として、世界最大級のアルミ・メーカーの米アルコアの元会長兼CEOにして元アメリカ財務長官のポール・オニール（1935-2020）のエピソードがあります。彼はニューヨーク大学の大学院で50年近く前にドラッカーから教えられた「3つの問い」を実践することで、アルコアの中興の祖と呼ばれるようになったのです。1987年にオニールが会長兼CEOに就任した当時、アルコアの労働災害は業界平均の約3分の1と高くはありませんでした。しかし人を大切にすることをドラッカーから教えられていた彼は、その数字には不満でした。その「3つの問い」とは、全社員が「イエス」と答えられる会社になるようにと、ドラッカーから言われたもので、次の通りです（『理想企業を求めて』p.140-）。

- **あなたは敬意をもって遇されているか？**
- **あなたは貢献するうえで必要な教育訓練と支援を受けているか？**
- **あなたが貢献していることを会社は知っているか？**

これを聞いてオニールは、「この3つの問いを念頭に、我が社を世界ではじめての労働災害ゼロの会社にしよう」と考えました。当初、社内や産業界は社長の方針を懐疑的な目で見ていましたが、彼はドラッカーの言葉を忠実に実行しました。その結果、1987年、同社の従業員100人当たり年間労働災害休業日数は1・87だったものが、2000年には、0・15へと大幅に減少しました。それだけではなく社員の絆を強くし、生産プロセスの改善をもたらし、生産性を高めたというのです。

このエピソードから、社員への敬意と、安全な労働環境をつくるという決意が職場に浸透し、社員の働く意識を変え、自律的な改善活動を促進し、その結果よりよい会社に生まれ変わることができたことが分かります。その第1歩が、ドラッカーが示した3つの問いを投げかけること、つまり社員満足度調査を実施することなのです。

解説3 ▼ 社員が成長するプロセスと環境づくり

社員満足度調査が社員育成の第1歩とすれば、第2は社員育成計画の策定です。この機会に、研修内容の改善にとどまらず、社員を惹きつけ、とどめ、生産性を発揮させ、かつ彼ら自身が働きがいを感じてもらうことができるような育成計画をつくります。この計画の中には、目指すべき人材像を示すだけでなく、社員を尊重し一人ひとりの強みを伸ばそうという組織の文化があることを公開しましょう。

第3に、この社員育成計画を基に、具体的な社員育成プロセスを検討します。社員に対しては、育成プロセスが「見習い（先輩の支援が必要）、一人前（独力でできる）、管理者・リーダー（後輩や部下を指導し職場・チームの成果に責任を持つ）」の3段階であること、その後の成長は、部署、事業部門、会社全体、業界、世界と活躍の場が広がることを示します。社員と組織が健全に成長するためには、このような社員育成プロセスと、日常業務の仕事のやり取りなどを含む環境の両面が必要になります。

第4に、組織の目的・ミッションにふさわしい職場環境をつくるために、リーダーやマネジャーが行っている日常の仕事のやり取り（会議・ミーティング、仕事を指示する、報告を受ける、現場教育を行うなど）の中に、ワンオンワン面談など上司と部下の関係性を高める工夫も取り込みましょう。

第5に、人事考課・評価ですが、一般に大きく下記の内容を含みます。目標と成果、役割とスキル、姿勢と態度、自己啓発と挑戦という4つの分野です。社員のやる気を引き出し、強みを伸ばすという視点からは、本人の成果・実績データをフィードバックしてあげること、良くできた点については褒め、良くできなかったところについては、改善のための助言を丁寧にフィードバックすることが、管理職には望まれる能力です。効果・評価面談は社員育成プロセスの中でも次の年次に向けて、組織にもより貢献できる成長目標を上司と部下ですり合わせて共有する大事なプロセスの一つです。このとき、問18で説明する自己目標管理の考え方やマネジメント・レターが活用できます。

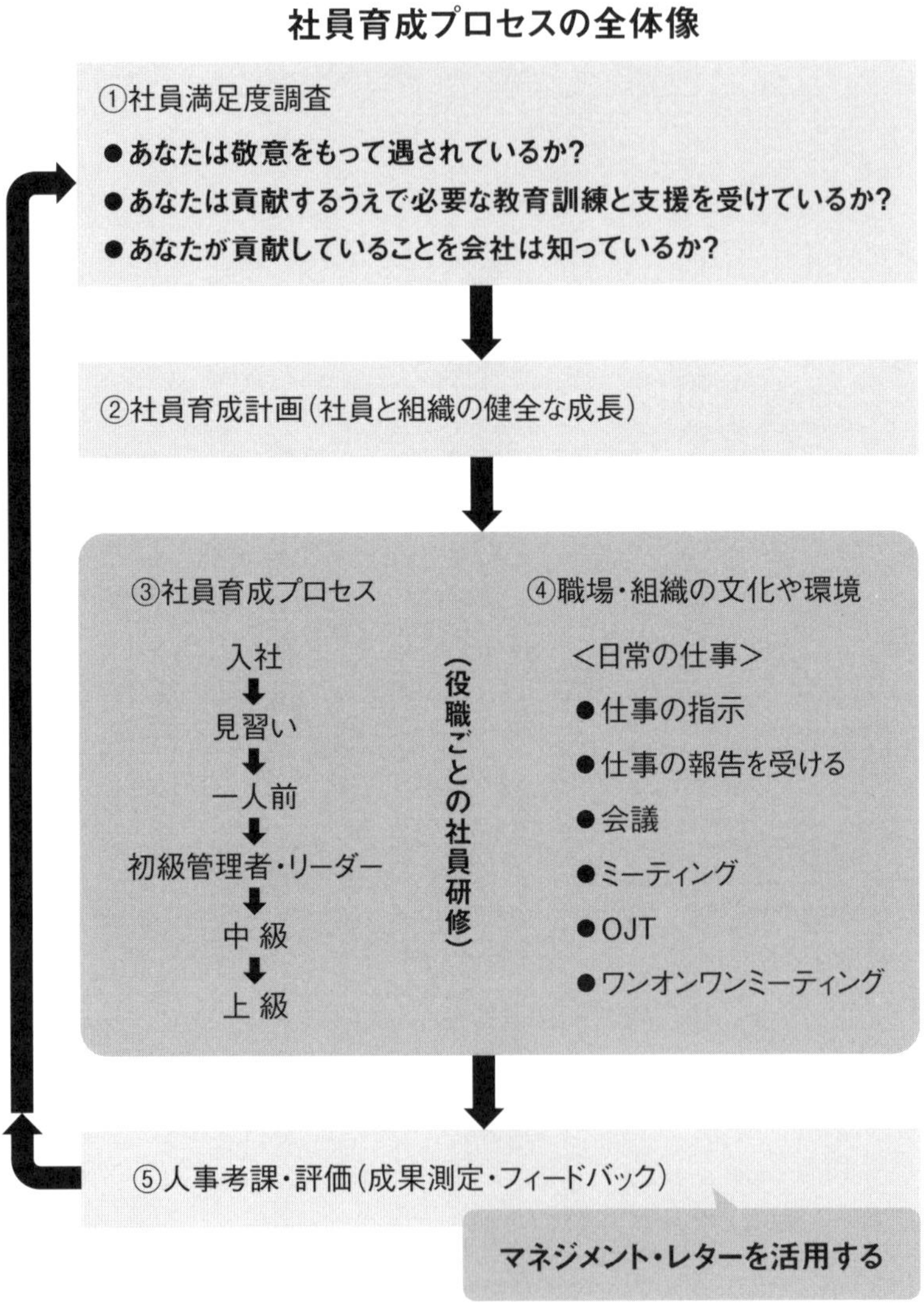

図4-12　社員を成長させる基本と原則は何か(問16)

問17 人をマネジメントする基本と原則は何か

相談者　私立学校法人、総合企画部、課長

中学・高校・大学を運営する事務局に勤務しています。当法人では、経費削減と少子化による学生数減少への対策のために、事務局内でプロジェクトがいくつか立ち上がりましたが、うまく進んではいません。私は、入学から卒業までの学生の在籍維持を目的にした学生管理改善プロジェクトのリーダーを任されました。私のプロジェクトに限らず、期待どおりに進んでいない理由としては、基本的にプロジェクトメンバーや職員のやる気を引き出せていないことが、原因ではないかと思います。PDCAサイクルでプロジェクトを管理していますが、あまり効果が出ていないようです。

筆者　一般の営利企業では、プロジェクトを管理するのに、PDCAという品質管理の考え方が普及していますね。Plan/Do/Check/Actionという手順でプロジェクトを進め、チームメンバーのやる気を高めて成果を出そうという考え方です。

相談者　PDCAについては、当法人でも同じ趣旨の目標管理制度があり、そのための職員研修も定期的に行っていますが、メンバーのやる気を十分に引き出せていません。

筆者　PDCA自体は優れた手法ですが、品質改善を目的にしたPDCAという考え方だけでは、社員のやる気を管理する手法として十分ではありません。どうしたらよいか一緒に学びましょう。

解説1▼これまでの管理の限界

PDCAでは仕事は回せても、人は動かないしストレスも大きい——そんなPDCAの弊害を補うのが心理学的アプローチです。これには、マズローの欲求段階説があります。低い段階から「生存欲求」「安全安定欲求」「社会的欲求」「尊敬承認欲求」「自己実現欲求」の5段階ですね。また最近では、「心理的安全性」が強調されるのも人間心理を無視した管理の限界を示しているといえるでしょう。筆者は、心理的アプローチからメンバーのやる気を出させるうえで、仕事自体が自身の成長につながる、**仕事自体にやりがい（社会貢献につながるというような実感）を得られる仕事であるかどうかが大切である**と思います。

解説2▼人のマネジメントとは

本節の主題は「どうすれば、人をマネジメントできるのか」ですが、ドラッカーが何を語ったかを見てみましょう。『マネジメント』［上］p.231の中でドラッカーは「**人は、仕事の論理と労働の力学の双方に沿ってマネジメントしなければならない**」としています。人は機械ではなく生き物です。いつも正確に一定の作業をするロボットのような働き方はできません。さらに心身の調子によって、作業の速度も成果もばらつきがあります。

ここで、私たちは仕事そのものと、働く（労働する）ことは、別のものであることに気づきます。自ら好む仕事に就けばやる気を高めやすいですが、現実は全ての人がそのような状況であることは考えられません。

ドラッカーがいう「仕事の論理と労働の力学の双方に沿ってマネジメントする」とは、仕事を生産的かつ合理的な設計に改善したうえで、作業量の調整や心理的なサポートといった生身の人間に寄り添ったマネジメントを同時に行うことなのです。これが、ドラッカーの説いた人をマネジメントする基本と原則です。

解説3 ▼ ドラッカーが説いたOOMMD

あらためて「仕事の論理と労働の力学」の視点から見ると、PDCA、品発管理手法、損益分岐点分析などは「仕事の論理」に入ります。一方、「労働の力学」については、ドラッカーは、「マネジャーの5つの基本的な仕事」として次のやり方を提案しています。（『マネジメント』［中］p.26）

（1）目標を確認する（set Objectives）……職場やチームの目的を確認し目標を設定します。

（2）課題を共有し組織する（Organize）……課題を洗い出し担当者と成果物および期限を決めることで、チーム（プロジェクト）を組成します。

（3）動機づけとコミュニケーションをする（Motivate）……会話やイベントを通じて信頼基盤をつくり、チームとしての一体感をつくります。

（4）測定し評価する（Measure）……仕事の進捗を確認し、尺度を決め、測定し、評価します。

（5）相互に成長する（Develop）……マネジャー自身を含め、人材を開発します。

これは、「労働の力学に沿う」考え方で、ＰＤＣＡという仕事の論理とはかなりの違いがあります。「Ｐ」にあたる「目標を確認する」の場合でも、トップダウンではなく部下が主体となって上司と相談して定めます。

また、ドラッカーが言う「労働の力学」には、個人の強みを引き出すという側面だけではなく、チームのメンバー同士が、互いに成長を促し成長することで、２人以上のチームの働きが、１足す１が２になるという機械的なパフォーマンスを超えた成果を生みだすことが、マネジメントであるという意味が込められています。「力学（ダイナミクス：dynamics）」という言葉を使ったドラッカーのマネジメントに対する熱い思いが表れています。

筆者は、この「マネジャーの５つの基本的な仕事」を、各項の英語の頭文字をとって「ＯＯＭＭＤ」（一部例外はありますが）と略し、15年以上前から講義などで話をしています。その後、受講者の多くから「職場やチームが、ＯＯＭＭＤを意識したら機能するようになった」との声を度々聴きます。人のマネジメントにおいては、「労働の力学」を意識して実践してこそ成果があがります。

人は、仕事の論理と労働の力学の双方に沿ってマネジメントしなければならない。(『マネジメント』上p231)

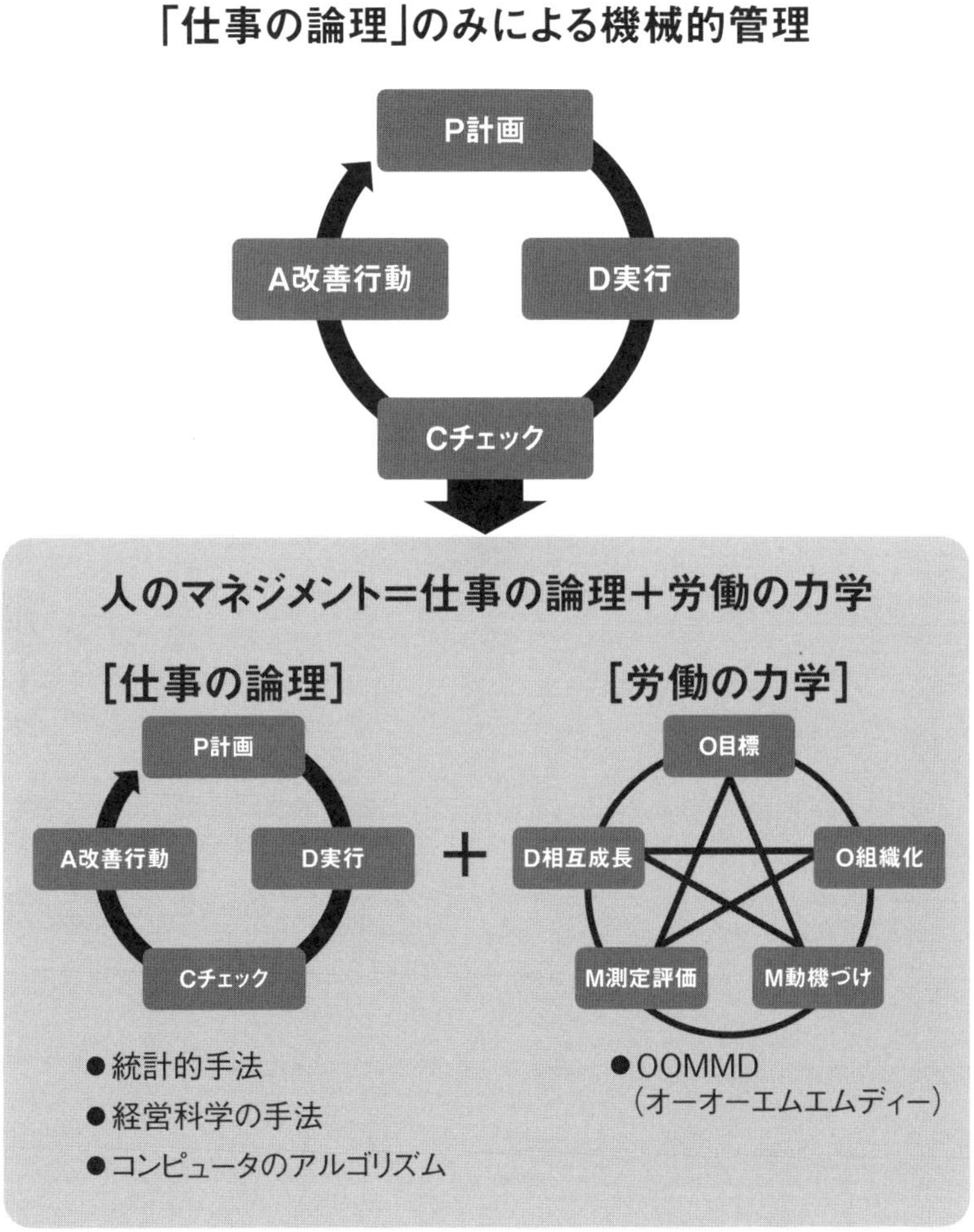

図4-13 人をマネジメントする基本と原則は何か(問17)

問18 自己目標管理は機能しているか

相談者　**情報通信事業、技術本部、課長**

法人向けソリューション事業と個人向けの通信インフラを提供している、技術志向の企業に勤めています。ますます競争が厳しくなる将来を見据えて、社員の能力向上と生産性向上の2つを経営課題にあげています。そこで、所属する技術本部もこれまでの目標管理制度を見直すことになりました。私も、制度を運用するマネジャーとして、改善提案を求められています。

筆者　目標管理で、見直すべき課題は何だと思いますか？

相談者　今の目標管理の仕組みは30年近く運用しているもので、さすがに形骸化しているように感じます。成果の向上に結びついているとは思えません。

筆者　目標管理の提唱者はピーター・ドラッカーですが、提唱者の意図とは違った形で運用されている場合もあるようです。原点に返るつもりで、一緒に学び直してみましょう。

解説1▼目標管理の明暗

どの会社組織にも人事評価がありますが、その中心的な制度が目標管理制度です。この制度を最初に提唱した人がドラッカーでした（第1章参照）。

ドラッカーはその著書『現代の経営』で目標管理制度を紹介したのですが、残念ながら今の日本企業の中には、提唱者ドラッカーの意図を正しく理解せずに制度を運用しているケースもあります。多くの日本企業の目標管理制度は、どちらかといえば目標をトップダウンで決め、上位層が下位層に指示しています。それを下位層が一種のノルマととらえており、達成するため日夜努力していますが、達成できないとマイナス査定を受けるというわけです。これでは働く人のモチベーションを下げることにはなっても、イノベーションにつながる自由な発想や意見が出る組織文化はできませんし、生産性の向上も望めません。

こうしたトップダウン型の目標管理ではなく、ドラッカーが説いたボトムアップ型の目標管理制度に近い運用をしているのが、インテルから始まりグーグルが発展させたＯＫＲです。これについては、すでに問13で解説した通りです。

解説2▼ドラッカーが説いた自己目標管理

この機会に、ＯＫＲの源流であるドラッカーが説いた自己目標管理を見てみましょう。日本語では目標管理と認識されていますが、原著では「Management by Objectives and Self-Control」です。単純に目標管理と訳したのではドラッカーの真意が損なわれます。一方で、単純に直訳すると「自己管理による目標管理」となり、こちらも意図が伝わりづらいです。ドラッカー翻訳の第一人者の故上田惇生先生もそのことで長い間悩んでおられ、晩年には「自己目標管理」という訳語に変えたのです。これにはエピソードがあります。２００７年3月7日，「ドラッカーと事例に学ぶ『ミドルマネージャー能力強化講座』（日本経済新聞社主催）」の講師として、前半は上田先生が担当し、後半は筆者が担当しました。後半、私が講演時に発した「自己目標管理」という言葉を、上田先生はとても気に入って下さいましたので、講演後の講師控え室で筆者が「どうぞお使いください」と申し上げたのがきっかけです。[注1]

自己目標管理を説いたドラッカーの真意については、「自己目標管理こそマネジメントの哲学たるべきものである」（『マネジメント』［中］p.87）と述べています。また**上司が部下に書いてもらうツールとしてマネジメント・レター**（manager's letter）を紹介しています。**部下が自ら書く**内容は、次のとおりです。

（1）上司が目標とすべきものを書く

（2）自らが仕事の目標にすべきものを書く

このとき、組織の価値観と目的・ミッションを前提にします。また、職場やチームの目標達成に自分が貢献すべきことは何かを考えます。

（3）自分に期待されている達成水準を書く

（1）（2）（3）を考えた後、上司と話し合い、（1）（2）（3）について上司と部下で合意するまですり合わせを行います。

（4）目標を達成するために行うべきことを書く

（5）目標達成の障害になっていることを書く
（6）組織と上司が行っていることで、助けになっていることを書く
（7）組織と上司が行っていることで、妨げになっていることを書く
（8）自らの目標を達成するために、今後1年間で行うべきことを書く

部下にこうしたマネジメント・レターを書いてもらうことで、多くの部下は自ら進んで上司であるマネジャーやリーダーと面談し、その目標についてのフィードバックを得て、必要に応じて改善するようになります。また、上司は日ごろ部下に要求していることがきちんと伝わっているのか、誤解されていたり、間違って理解されたりしているのではないかということについて、上司が自ら気づくという利点があります。上司と部下とで目標の理解や達成水準について、目標設定時に認識のズレ・誤解があれば、早期に互いに修正できます。

上司と部下という上下関係から、一緒にチームの共通目的を達成するパートナーとしての信頼関係を築くのが自己目標管理です。上司との合意のうえ、ボトムアップで目標を設定し、その達成に努め、組織にも貢献する（良い影響を与える）ことが重要であるという哲学が込められているのです。

注1
『ソフトを他人に作らせる日本、自分で作る米国』pp.136-138（谷島宣之著、日経BP、2013）に「上田氏はセミナー終了後、ドラッカー学会の会合に向かったが、セミナー会場に打ち合わせのため訪れたドラッカー学会関係者に対し、『マネジメント・バイ・オブジェクティブズ・アンド・セルフコントロールのいい訳語を今日聞いた。自己目標管理。出版社に言って、これから版を重ねる本について直してもらわなくては』と話していた。実際、それ以降出版されたドラッカー書籍においては新訳語が記載されている。」とあ

る。確かにその後のダイヤモンド社刊についてみると、筆者森岡が語った「自己目標管理」という訳語が使われています。一例を次に挙げます。

・『P.F.ドラッカー―理想企業を求めて』(2007年5月31日)
・『断絶の時代』(2007年7月12日)
・『マネジメント[上]―課題，責任，実践』(2008年12月11日)
・『マネジメント[中]』(同)
・『マネジメント[下]』(同)
・『ドラッカー　時代を超える言葉』(2009年10月8日)

自己目標管理(Management by Objectives and Self-Control)とは、上司と部下という上下関係から、一緒にチームの共通目的を達成するパートナーとしての信頼関係を築き、互いの強みを発揮し成果をあげる、というマネジメントの哲学をいいます。

***マネジメント・レター(部下から上司への手紙)**

上司の氏名:　　　　　　　　　　　　　　　　　氏名:

(1) 上司が目標とすべきものは何か

(2) 自らが仕事の目標にすべきものは何か

(3) 期待されていると思う達成水準は何か

特に(1)～(3)は上司と擦り合わせて両者で納得することが大切です

(4) 目標を達成するために行うべきことは何か

(5) 目標達成の障害になっていることは何か

(6) 組織と上司が行っていることで、助けになっていることは何か

(7) 組織と上司が行っていることで、妨げになっていることは何か

(8) 自らの目標を達成するために、今後1年間で行うべきことは何か

図4-14　自己目標管理は機能しているか(問18)

問19 人的資源の目標とは何か

相談者　鉄道事業・不動産業、人事改革プロジェクトリーダー

わが社は創業以来、社会インフラを担う事業として、お客さまの安全安心を第一に掲げて事業をしています。デジタル化の流れに積極的に対応するため、人事施策の見直しに取り組むことになりました。「人的資源の活性化」をテーマに中期計画を策定する部署横断プロジェクトが副社長直轄でスタートし、私はそのリーダーに指名されました。ただ、私は人的資源という言葉が腹に落ちておらず、何から手をつけたらよいのか分かりません。教えていただけませんか?

筆者

人的資本経営は現代のトレンドであり、良いタイミングです。一緒に学びましょう。

解説1▼人の強みを生かすための目標

人事の課題は、人権と多様性、リスキリング、デジタルリテラシー、コンプライアンス、生産性の向上などなど、とても広範囲に及びます。このような広範囲な課題を解決する施策を考える場合には、人事の基本と原則から検討することが第一です。

人事施策を一つの事業として捉え、まずMSC基本計画（第3章参照）を作成します。事業の定義は、「**社員の強みを生かす支援サービスの提供**」としてみましょう。目的・ミッションは、「デジタル化の時代に沿った人的資源の活性化」となります。顧客は誰かという問いの答えは、「主顧客は社員、支援顧客は社員の家族、取引先の関係者、株主など」となり、顧客にとっての価値は、社員についてのみあげると「健康と安定した収入およびディーセントワーク（働きがいのある人間らしい仕事）」となります。さらに、相談者が所属する人事部門の成果は、「社員満足度の向上、経営課題の実現・収益性の向上」となります。5つめの問いである「我々の活動計画は何か」に答えるためのあるべき人事施策を考えます。このように、ドラッカーが提唱する「事業の定義、5つの重要な質問」に沿って検討すると、どんな人事施策が必要なのか、何を目標にすべきかが見えてきます。

解説2▼ISO30414に見る人事施策

人事施策を考えるとき、最近注目されている人的資源経営が参考になります。人的資源経営の目的は、端的にいえば「社員のそれぞれの強みを生かすこと」です。この分野のグローバルスタンダードには、ISO30414（2018年12月、第1版）があります。

この規格の目的と適用範囲について、以下のように記述しています。「その目的は、労働力の持続可能性をサポートするため、組織に対する人的資本の貢献を考察し、透明性を高めることである。この規格は、公的、民間若しくは第三セクター、又は、非営利組織かどうかといった、事業のタイプ、規模、性質、複雑さに関わらず、全ての組織に適用可能である」。この規格を尊重する筆者は、この規格が報告を求めている各項目が、人事施策そのものであると考えています。

解説3▼人的資源目標の全体像

具体的には、この規格は次のような報告を企業に求めています。

＊コンプライアンス及び倫理……苦情件数とその情報、懲戒処分の件数と種類、コンプライアンスおよび倫理研修を修了した従業員の割合、外部監査指摘事項の件数など

＊コスト……全労働コスト、外部労働力のコスト、平均給与及び報酬の割合、1人当たり採用コストなど

＊多様性……社員の多様性（年齢、性別、障害）、経営陣の多様性など

＊リーダーシップとプロマネ人材育成[注1]……リーダーシップおよびプロジェクトマネジメント研修を受けた人数と割合、リーダーシップの信頼度、管理範囲（リーダー1人当たり部下人数）など

＊組織文化……社員満足度調査（ＥＳ）、従業員エンゲージメント、社員定着率など

＊組織の健全性、安全性及びウェルビーイング……労働環境の健全性、安全性、健康増進、業務関連の傷害・事故・疾病に係るロスタイム、労働災害の件数・死亡者の数、災害率など

＊生産性……従業員1人当たりの売上高・収益、利益など

＊採用・異動・離職……求人の数、採用時間、内部募集の充足割合、異動人数、離職数など

＊スキル及び能力……ナレッジマネジメントシステムの有効性、人材開発と研修の全コスト、研修

参加状況（必須研修・指導者研修などのカテゴリー別、1人当たり時間・コスト）、従業員のコンピテンシー率（業務要求と人事評価のギャップ）、マネジャーと一般社員の仕事ぶりなど

＊サクセッションプラン……トップクラスのリーダー人材の認識・育成・維持の枠組みと有効率など

＊労働力の利用可能性……従業員数、パート人数、臨時労働力（フリーランスなど）、欠勤率など

一方、ドラッカーは、約70年前の1954年に発行した『現代の経営』に著したオリジナル版のMSCの中で、人的資源の目標として2つの点を強調しています。「経営管理者（マネジャー）の仕事ぶりと育成」、「一般従業員の仕事ぶりと行動」です。組織の目的・ミッションの担い手である管理職と一般社員の仕事ぶりによって、人的資源のマネジメントの成果である、ISO30414が求めている、例えば、コンプライアンスと倫理、多様性、リーダーシップや組織文化、組織の健全性、生産性、採用・異動・離職、従業員エンゲージメントの良しあしに表れるということになります。これらを踏まえて、人的資源の目標を次のような図表にまとめておきましょう。

注1 プロマネ人材……特に日本企業では、IT／DX部門はじめ、営業部門、設計開発部門、技術部門においてもプロジェクトマネジメントができる人材が不足しており、DX（デジタルトランスフォーメーション）の優先事項としての業務改革を阻んでいる主要な原因であると筆者は考えています。

人的資源に関わる目標設定の例

	活動（CSF）と測定尺度	目標値	期限	担当者	日程
4. 人的資源	[コンプライアンス及び倫理]				
	1. 苦情件数とその情報（懲戒処分含む）				
	2. コンプライアンス・倫理研修を修了した従業員の割合				
	3. 外部監査指摘事項				
	[コスト]				
	1. 全労働コスト、平均給与及び報酬の割合				
	2. 一人当採用コスト				
	[人材の多様性の目標]				
	1. 雇用の多様性（年齢、性別、障害）				
	2. 経営陣の多様性				
	[リーダーシップとプロマネ人材の育成の目標]				
	1. リーダーシップの信頼度とプロマネ人材の人数と割合				
	2. 管理範囲（リーダー一人当部下人数）				
	3. リーダーシップの育成（リーダーシップ育成研修受講者）				
	[組織文化と組織構造の目標]				
	1. 人材像の明確化				
	2. マネジメント組織・ＯＯＭＭＤの実践者の割合				
	3. 社員満足度調査（社員満足度：ＥＳ）・３つの質問の実践の有無				
	4. 従業員エンゲージメント（エンゲージメントレベル、定着率）				
	5. マネジメント・レターの実践の有無				
	6. 目標管理の有効性：自己目標管理の実践有無				
	[組織の健全性、安全性及びウェルビーイングの目標]				
	1. 労働環境の健全性、安全性、健康増進（健康な人数割合）				
	2. 業務関連の傷害・事故・疾病（件数、人数）				
	3. 労働災害（件数、死亡者の数、災害率）				
	[採用・異動・離職の目標]				
	1. 採用（求人数、採用時間・コスト）				
	2. 内部募集の充足（割合）				
	3. 異動（人数）				
	4. 離職防止（人数）				
	5. 人事の打率（期待通り成果を出した人数、割合）				
	[スキル及び能力の目標]				
	1. ナレッジマネジメントシステムの活用（満足度、有効性）				
	2. 人材開発（研修コスト、研修参加者）				
	3. 従業員のコンピテンシー（職務定義書との整合率、人事評価ギャップ）				
	4. マネジャーと一般社員の仕事ぶり				
	[サクセッションプランの目標]				
	1. トップクラスのリーダー人材（認識率、育成人数、維持・有効率）				
	2. ミドルクラス、高度専門人材（認識率、育成人数、維持・有効率）				
	[労働力の利用可能性の目標]				
	1. 社員・準社員（人数）				
	2. パート、契約社員など（人数）				
	3. 就業・欠勤（人数、欠勤率）				

図 4-15　人的資源の目標とは何か（問 19）

第5節 物的資源の問い

本節では、物的資源の目標について検討します。ここでいう物的資源とは、「ヒト、モノ、カネ、情報」といわれる経営資源のうち、ヒト、カネ以外の全てを指すものです。財務情報のうち、土地、建物、設備のような有形固定資産の他、特許権、商標権、実用新案権、意匠権など知的資源（無形固定資産）も含みます。これらは経営分析の対象でもあり、どう調達し利用（運用）したかが収益性や生産性を決定します。統合報告書は知的資源を含む非財務情報を公開しており、投資家が企業の実態を理解するのを助けています。財務情報と統合報告書にある非財務情報を見ることで、企業の持続可能性や成長性を判断しやすくなります。

今日、特に重要度が増している情報資源（財務情報と非財務情報の総称）についても検討します。経営層と現場をつなぐミドルマネジャーとしては、これらの資源を活用して職場やチームの成果に結びつけるために目標を設定することが求められています。

そのためには、次の［問い］に答える必要があります。

問20 物的資源の目標とは何か
問21 情報資源をマネジメントしているか

問20 物的資源の目標とは何か

相談者 ペットフード卸売業、財務・情報システム本部、財務部リーダー

都市部を中心に、ペットフード需要の伸びに応じて売り上げも伸びています。これまでは有形固定資産である物流施設や販売先の小売業に投資することで安定した流通チャネルを構築し、それを強みに卸売業として成功してきました。ただ最近は競争の激化で、利益率が低迷しています。財務部のリーダーとして、資産のさらなる有効活用を模索するなど、財務戦略を新しい発想で見直したいと思っています。

筆者 卸売業の特性から、利益率が低いのはうなずけます。会社の資産には有形固定資産の他に無形固定資産がありますが、無形固定資産についての強みはありますか?

相談者 商標といくつかの特許を取得している程度です。業務のＩＴ化も遅れています。

筆者 中長期的には、打つ手がないわけではありません。基本的なところから一緒に考えてみ

ましょう。

解説1 ▼ 財務情報からの目標

物的資産のうち、財務情報の固定資産について目標を設定するところからみていきましょう。固定資産に属する勘定科目ごとに、調達・活用・売却・廃棄の目標を設定することになりますが、主なものをあげれば次のものがあります。

＊有形固定資産……土地[注1]、建物、機械装置、器具備品、車両運搬具、建設仮勘定など。
＊無形固定資産……　のれん、特許権、著作権、商標権、実用新案権、意匠権、借地権、ソフトウェア（AI含む）開発費などのことで、知的財産とも呼ばれています。

これらについては過去の実績を見て、固定資産の減価償却費やのれんの減損損失などを考慮して目標を設定する、つまり予算を計上することになります。部門別会計制度をとっている場合は、各部門の固定資産の状況をみて、個別の固定資産ごとに目標を決めたり、部門配賦額を目標に設定したりします。

このため、職場のマネジャーやチームリーダーは、自分の管理下にある固定資産の額を理解しておく必要があります。有形固定資産であれば具体的にどの設備か、無形固定資産であればロゴや商標、商品の容器デザインの意匠権、コンピューターのソフトウェアなどを把握します。財務部門のリーダーとしては、職場やチームの管理者にこれらの財務情報を教育することが大切です。このような知識は、ミドルマネジャーの成長につながります。

解説2 ▼ 非財務情報の目標

経営資源は、財務情報からだけでは分かりません。これを補うのが統合報告書です。この考え方のベースである経済産業省の『価値協創ガイダンス2・0』は、財務情報以外の経営資源として主に以下の項目を挙げています。

1 価値観……企業理念と経営のビジョン、社会課題と企業の使命など

2 長期戦略……長期ビジョン、ビジネスモデル、市場とバリューチェーン上の位置、差別化と競争優位を支える経営資源や知的財産およびステークホルダーとの関係、収益構造、ＥＳＧの認識、主要なステークホルダーとの関係性、リスク（気候変動、事業環境、技術変化・地政学的）の認識など

3 実行戦略（中期戦略など）……目指すべきビジネスモデルの明確化、ＥＳＧやグローバルな社会課題（ＳＤＧｓなど）の戦略への組み込み、経営資源・資本配分戦略、事業売却・撤退戦略を含む事業ポートフォリオマネジメント、バリューチェーンにおける影響力の強化、事業ポジションの改善、ＤＸ推進、イノベーションの組織的プロセス、人的資本・技術（知的資本）・研究開発・ＩＴ・ソフトウェア・知的財産を含む無形資産などの確保と強化への投資、ブランド・顧客基盤・企業内外の組織の構築、成長加速の時間を短縮させる方策、無形資産の測定と投資戦略の

評価・モニタリングなど

4 成果（パフォーマンス）と重要な成果指標（KPI）……財務成果、財政状態及び経営成績の分析とMD&A評価[注2]、経済的価値・株主価値の創出状況、企業価値創造と独自KPIの設定など

5 ガバナンス……経営課題解決と取締役会、社長、経営陣・社外役員のスキルと多様性、戦略的意思決定の監督・評価、利益分配の方針、役員報酬制度の設計と結果、取締役会の実効性評価など

6 実質的な対話・エンゲージメント……実質的な対話等の原則・内容・手法とその後のアクションなど

これらは直接財務情報では表現できない知的資源に関わる情報ばかりです。会社資産の有効活用を目指す財務部門のリーダーとしては、このような非財務情報についても、職場のメンバーに理解を促すことが必要です。

解説3 ▼ 情報資源への投資

統合報告書が示す非財務情報は、人と組織の働きぶりとその成果（パフォーマンス）そのものです。人的資源の目標（第4節）の結果が非財務情報に反映され、そして未来の無形固定資産に計上されるのです。例えば研究開発費は、その結果が特許という無形固定資産として実を結びます。改めて

人的資源（知識労働者）への投資の大切さに気づかされます。情報のデジタル活用も投資目標を定めることで、業務改革を促し中長期的な会社の成長につなげることが可能です。

一方で、統合報告書が示すように、無形固定資産として計上できない情報資源（顧客・取引先情報、商品・販売履歴、ナレッジ、卓越した業務プロセスなど）の重要性が高まっています。そうした意味から、相談者の財務・情報システム本部（財務と情報システムを管轄する本部）への経営陣の期待はとても大きいと思います。財務情報と非財務情報を統合して経営に活用したい、という経営陣の思いは的を射ています。情報資源づくりへの投資が中長期的な無形固定資産を増やし、持続的かつ安定した経営を実現します。財務部リーダーとしては、このような広い視野で経営資源を捉えて、経営の明日を創る資源活用の目標を考えることが望まれます。

注1 土地……固定資産上の土地について、ドラッカーは「自然の産物：products of nature」（原著『Management: TASKS. RESPONSIBILITIES. PRACTICES』p.108）と表現しました。固定資産か否かにかかわらず、企業は様々な「自然の産物」を経営資源として事業に利用していることを、この表現は示唆しています。土壌、地下水、海水、太陽光、風力、地熱、樹木、生物、化石資源（石油、石炭、天然ガスなど）、観光資源など多くを利用している訳です。

注2 MD&A……management's discussion and analysis of financial condition and results of operationsの略。財務・経営成績について、経営者が分析して評価を行う定性情報のことをいいます。

物的資源に関わる目標設定の例

	活動（CSF）／測定尺度	目標値	担当者	日程
5. 物的資源の目標	[財務情報から見た目標]			
	＊有形固定資産			
	1. 土地			
	2. 建物			
	3. 機械装置			
	4. 器具備品			
	5. 車両運搬具			
	6. 建設仮勘定			
	7. その他			
	＊無形固定資産			
	1. のれん			
	2. 特許権			
	3. 著作権.			
	4. 商標権			
	5. 実用新案権			
	6. 意匠権			
	7. 借地権			
	8. その他			
	＊投資その他の資産…「6. 資金の目標」で設定する			
	[非財務情報から見た目標]			
	1. 価値観... 企業理念、経営ビジョン、社会課題と企業の使命 ・周知のための教育活動			
	2. 長期戦略... 長期ビジョン、ビジネスモデル、差別化・競争戦略 ・周知のための教育活動			
	3. 実行戦略（中期戦略）、目指すべきビジネスモデル、経営資源の配分 ・策定のための活動、周知徹底のための教育活動			
	4. 成果（パフォーマンス）と成果指標（KPI） ・財務パフォーマンス、MD＆A			
	5. ガバナンス... 経営課題解決と取締役会の活動成果 ・経営陣と社外役員のスキルと多様性			
	6. 実質的な対話・エンゲージメント... 原則・内容・手法と活動			
	[情報資源の目標]			
	1. 知的資産を増加させる活動			
	・各種情報整備（顧客、取引先、商品、販売履歴・ナレッジなど）			
	・社員研修、外部講座受講など			
	2. 情報資源の活用			
	・情報システム構築			
	・DX（デジタルトランスフォーメーション）の推進			
	3. 自然の産物に関する情報の活用（ドラッカーの視点）			
	・自然環境資源（土壌、地下水、海水、太陽光、風力、樹木生物など）			
	・化石資源（石油、石炭、天然ガスなど）			
	・観光資源（自然、歴史、文化など）			

図 4-16　物的資源の目標とは何か（問 20）

問21 情報資源をマネジメントしているか

相談者 フィットネスジム事業、マーケティング部、課長

全国にフィットネス・ジムを800店舗展開しています。会社は、これまでのスポーツトレーニングやエアロビクス、筋力アップ型のメニューの比率を下げて、増加するシニア層向けのヘルスケア・サービスを充実させた新しいビジネスモデルを構築したいと考えています。我々マーケティング部もこの方針に沿い、シニアの顧客情報などの経営資源を活用した、新ビジネスモデルを提案するように求められていますが、まず何から調べればいいのか、見当もつきません。

筆者 情報資源の活用についてですね。この機会に情報資源を体系的に整理しておきましょう。

解説1 ▼ マーケティング情報はホリスティック

マーケティング部として新サービスを企画するにあたり、これまでマーケティング部が扱ってきた情報、例えば市場調査や消費者調査、地域経済動向、広告・メディア、SNS、口コミ、顧客満足度調査の結果を利用するのは当然です。これら外部環境の情報を収集し分析する活動を、エクスターナルマーケティングと呼びます。一方で、組織内部にある経営情報や顧客データなどの情報収集と分析をインターナルマーケティングといいます。ゲストを指導したトレーナーの活動記録、ゲ

ストから得られた情報、各地のジム施設の経費や有形・無形固定資産、施設運営を支えている本部スタッフ（人的資源）、販売している商品の生産や調達に関する情報なども含まれます。

このように、社外と社内の両方に目を向ける活動をホリスティックマーケティングといいます。さらに、会社が求めるビジネス価値の創出に結びつけるには、新商品・新サービスの開発など、何らかのイノベーション活動が不可欠となります（第3節参照）。

解説2▼現状を知る情報

新ビジネスモデルを考えるときにも、現状の経営情報は無視できません。ドラッカーは、『明日を支配するもの』「富の創造のための情報」の中で、現状を知る情報として次をあげています。

（1）基礎情報（会社の定期診断情報）……財務諸表から財務体質を知る情報

キャッシュフロー、資金繰り、在庫、売上、売掛金など、財務諸表が提供する情報

（2）生産性情報……経営分析によって得られる生産性情報

生産要素（人的資源、物的資源、資金、無形資産など）の全ての生産性に関する情報

（3）強み情報……自社の強みについてのコアコンピテンス（中核的な卓越性）情報

例えば相談者のフィットジム業であれば、これまでフィットネスジムを続けてこられたのは、顧客からの支持を得ているからであり、それはなぜか、どのような強みを顧客は支持しているのか、そのサービス・商品は何か、イノベーションの能力がどの程度あるか、新商品・サービ

ス開発の数はどれくらいか、それらは成功したか。

(4)資本(capital)にかかわる情報……主要な投資のROI(投資利益率)、資金回収期間に関する情報

(5)人材情報……人材の配置、期待した成果を出した人事かどうかについての情報

今後の事業の核になる新サービス・新商品の開発には誰が適任か。

解説3▼富を創出する成果を生む外部情報

新ビジネスモデルに変革するには、[解説2]の現状を知る情報だけでは、不十分です。ドラッカーは、成果を生む情報は外部にあるとし、次の情報の大切さをあげています。相談者のフィットネス業に即して解説しましょう。

(1)市場……フィットネスやスポーツクラブの市場動向、業界における相談企業の位置、国民健康・栄養調査結果(厚生労働省)の分析

(2)顧客……相談企業の顧客特性、店舗ごとの立地と商圏内の人口(特にシニア層)分析

(3)非顧客(ノンカスタマー)……シニア層のヘルスケア意識調査、商圏内の健康状態調査(特に、ノンカスタマーから変化が起こることを見逃さず、事業機会に転換する意欲をもつ)

(4)産業内外の技術……新しいトレーニング機器とソフトウェア、新しいトレーニング技術動向

(5)国際金融市場……輸入品の価格におよぼす為替相場

（6）グローバル経済……海外のフィットネスサービスやヘルスケア商品の動向、ヘルスケア・ジムなど関連の事業や業態

解説４ ▼ 活動基準原価計算（Activity Based Costing：ABC原価計算）

新ビジネスモデルを提案するには、それを支える顧客創造プロセス（問10）の生産性と顧客満度の両方を満たすことが大切です。顧客の入会から一定のプログラムを修了するまでの最適なプロセスを提案できるかが重要です。このとき、製造業で普及しているABC原価計算が使えます。例えば、顧客の入会前と入会後の面談、トレーニングメニューの提案、商品提案、トレーニング中の各種相談対応などの全工程（プロセス）にかかわる総時間と総原価を計測します。

次に工程ごとの施設利用原価・トレーナー労務費・その他諸経費（水道光熱費など）について分析し、最適な顧客創造プロセスを設計します。現状の施設ごと、担当者ごと、サービスごとの利用時間や原価の違い・ムダ・ムラを知ることが役に立ちます。こうした最適な顧客創造プロセスの提案は、学校や病院などの非営利組織にとっても重要です。

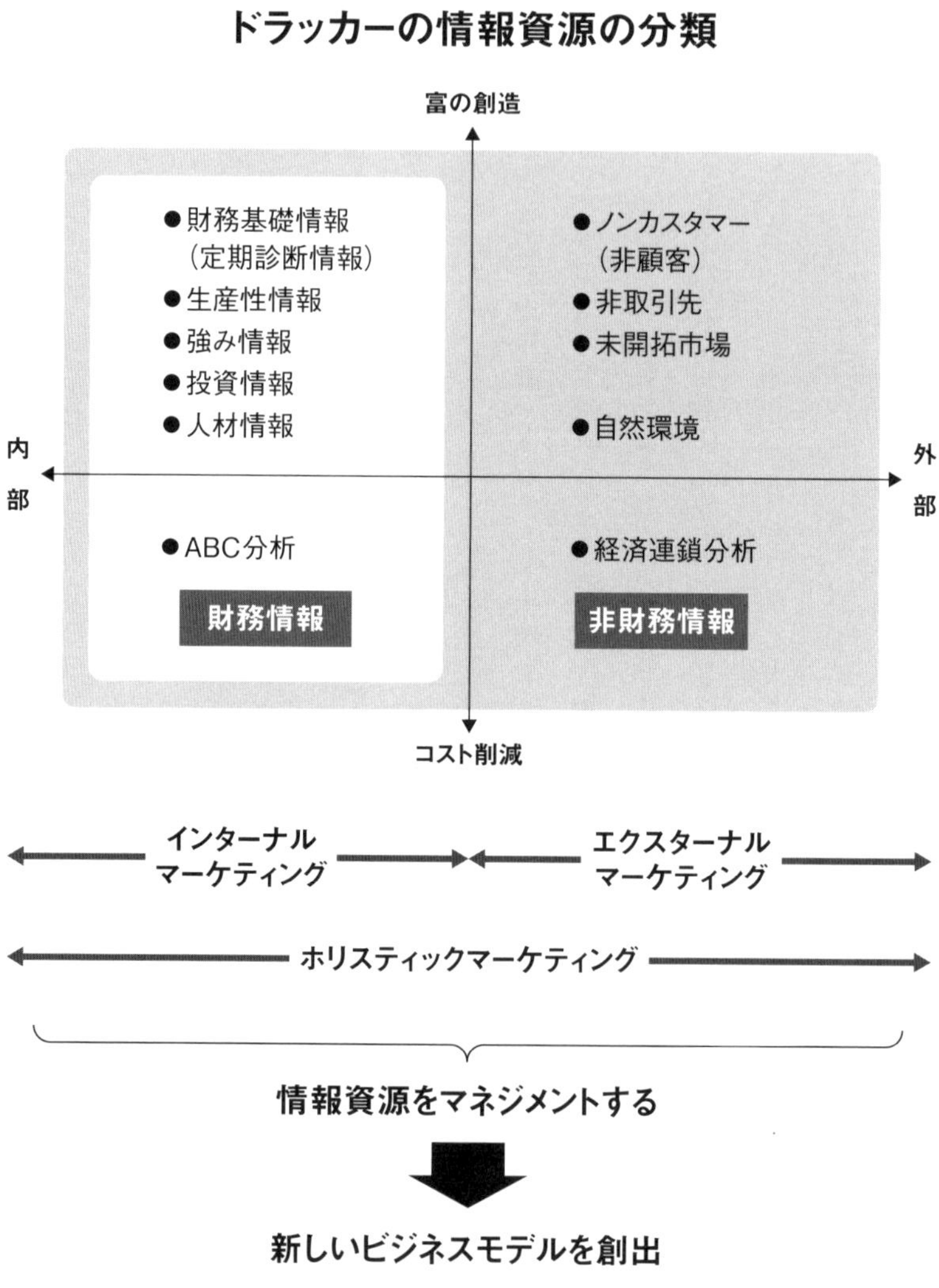

図 4-17　情報資源をマネジメントしているか（問 21）

第6節 資金の問い

ここでは、3つの経営資源のうち資金（キャッシュ）に関わる目標設定について検討しえます。ドラッカーは、最晩年（2002年）の著書『ネクスト・ソサエティ』（p.115）の中で、「会計システムのどの部分が信用でき、どの部分が信用できないかは明らかである。われわれがとうてい歩くべきではない薄氷の上にいることは明らかである。最近、キャッシュフローが重視されるようになったのも、会計学の二年生でさえ損益計算書は化粧できるからである」と述べているように、事業では損益計算書の利益よりも資金の流れ（キャッシュフロー）に注目することの大切さを説いています。

職場やチームのリーダーであれば、最初に全社的な資金管理の状況について、キャッシュフロー計算書など自社の財務諸表をある程度理解したうえで、自ら責任を持つチームについての予算を組むことが大切です。経営管理（財務部門・経営企画・IT／DX含む）部門のミドルマネジャーであれば、最初に全社的な視点で検討すべき目標の一つが、資金の目標なのです。

そのためには、次の［問い］に答える必要があります。

問22 資金の目標とは何か
問23 健全なキャッシュフローを維持しているか

問22 資金の目標とは何か

相談者　健康美容器具メーカー、財務部門、課長

わが社のこの5年間の財務指標を分析すると、売上高は増加傾向にありますが、売上高に対する利益指標（売上総利益率、営業利益率、当期純利益率）は低下傾向です。コロナ禍前に実施した多額投資の回収も思うように進まず、総資産利益率も低下傾向にあることから、中期的な財務戦略の策定が急務となっています。

筆者　売上高が増加しているということは、製品開発や活動は好調ということでしょうか?

相談者　おかげさまで事業そのものは成長していますが、利益の向上にはつながっていません。今後の財務戦略を経営会議に提案するにあたり、どのような視点から考えたらいいのか、助言をいただけないでしょうか。

筆者　投資も含めて資金管理の基本から中期計画の目標設定について整理しておきましょう。

解説1 ▼資金管理とは何か

基本的なことですが、資金管理は、次の3つの視点から検討します。

(1) 投資資金の収益性……ROE[注1]（自己資本利益率）とROA[注2]（総資産経常利益率）の目標を検討します。あわせて各投資案件のROI[注3]（投下資本利益率）や投資資金の回収期間、現在価値[注4]について、各部署のミドルマネジャーやチームリーダーが予算作成時に目安になる目標を検討します。

(2) 運転資金の管理……資金繰りのことです。売上増加と収益性の低下が重なると、資金繰りに余裕がなくなる傾向が予想されます。部材調達の支払いから販売代金の回収までの現金循環日数、いわゆるCCC[注5]を分析して、改善目標を検討することが必要です。またキャッシュフロー計算書の内容から、営業活動と投資活動に関わるキャッシュフローの目標を設定します。

(3) 資金コスト……有利子負債にかかる利息などのことです。資金調達には事業のライフサイクル（創業期、成長期、安定期など）による違いはありますが、一般に次の資金調達方法があります。

＊融資・借入……日本政策金融公庫、保証協会付融資、制度融資、VC（ベンチャーキャピタル）、地方銀行、信用金庫、協調融資（複数の金融機関の協力）、メガバンクによる金利（資本コスト）の違いを考慮します。

＊出資・投資……増資、社員への株式割り当て、部門売却など資本政策を検討します。

＊補助金……経済産業省など所轄官庁の補助金制度が利用できないかを検討します。
＊ＩＴ・デジタル資金……クラウドファンディング、仮想通貨などが安全に活用できないかを検討します。

これらは、個々の契約条件の子細も含めて、資金計画のリスクを最小にするように検討します。財務部門のミドルマネジャーとしては、他部門のミドルマネジャーに対して、ここにあげた資金管理の基本的な知識を教育することで、各部署やチームを支えている資金に関心を持ってもらい、各々の職場やチームの予算策定時に考慮するように促すことで、会社全体の資金管理の能力を向上させることが可能となります。

注1 ＲＯＥ……Return On Equity：自己資本利益率のこと。自己資本を分母、当期純利益を分子として計算します。
注2 ＲＯＡ……Return On Assets：総資産経常利益率のこと。総資産を分母、経常利益を分子として計算します。
注3 ＲＯＩ……Return on Investment：投下資本利益率のこと。投資資金を分母、経常利益、営業利益、投資から得られる事業利益などを分子として算出します。
注4 現在価値……将来獲得できる価値（キャッシュ）を現在価値に直す方法です。同じ収益が見込める資金投資であれば、早く収益を得られるほど価値があるということになります。
注5 ＣＣＣ……Cash Conversion Cycle：キャッシュ・コンバージョン・サイクルのこと。棚卸資産回転日数＋売上債権回転日数－仕入債務回転日数の合計で表します。

解説2▼キャッシュフロー計算書が教えること

資金管理の目的は、事業の成長に見合った健全なキャッシュフローの状態を維持することです。その意味からキャッシュフロー計算書の内容を確認すると、次のようになります。

(1)営業活動によるキャッシュフロー……現金の収支を表す計算方法には直接法と間接法があり、作成がしやすいという理由でほとんどの企業は間接法です。直接法の場合は、営業収入(+)、受取利息収入(+)、商品仕入支出(-)、給料など一般管理費の支出(-)を計算することで表します。一方、間接法の場合は、税引後当期純利益(+)、減価償却費(+)、売上債権の増加(-)、仕入債務の増加(+)、商品の増加(-)を計算して営業キャッシュフローを表します。以下、間接法で説明します。

(2)投資活動によるキャッシュフロー……事業活動を支えている固定資産(有形・無形固定資産)の取得や売却による現金の収支のことです。有形・無形固定資産の取得や売却、投資有価証券の取得や売却、子会社等への資金の貸し付けや回収による現金の収支から計算します。

(3)財務活動によるキャッシュフロー……事業活動全般に必要な財務活動による現金の収支です。短期借入金の増加と返済、長期借入金の増加と返済、社債の償還・配当金の支払いなどから、計算します。

(4)現金及び現金同等物の期末残高……キャッシュフロー計算書の最終行の数字ですが、貸借対照表の「現金」残高と一致します。貸借対照表では分からない期中における現金の動きを期末時点での静止画で見せてくれるのが、キャッシュフロー計算書です。キャッシュフロー計算書には後述するような盲点もあります（問23）。

解説3▼資金管理の目標について

人体に例えれば、資金は血液です。その流れを健全にするためには、バランスの取れた目標設定が必要です。加えて血管を鍛えること、つまり各部署のミドルマネジャーやプロジェクトリーダーの資金管理に対する意識を変え、行動を変える必要があります。財務部門の課長としては、他部署のミドルマネジャーに対するキャッシュフローについての知識や意識づけの教育など、人事と協力しての人材教育の提案も有効です。特に営業部門には、販売条件の設定や、キャッシュフローを意識した商談の仕方、仕入れ部門については、仕入契約、買掛金支払など資金管理知識の教育をすることも大切な仕事です。

資金に関わる目標設定の例

	活動（CSF）/ 測定尺度	目標値	担当者	日程
6. 資金の目標	[資金管理の基本から見た目標]			
	1. 投資資金の収益性			
	・ROE（自己資本利益率）			
	・ROA（総資産経常利益率）			
	・ROI（投下資本利益率、投資収益率）			
	2. 運転資金管理			
	・CCC（現金循環日数）			
	・棚卸資産回転日数			
	・売上債権回転日数			
	・仕入債務回転日数			
	3. 資金コスト（資金調達）			
	・融資・借入			
	・出資・投資			
	・補助金			
	・IT・デジタル資金			
	[キャッシュフロー計算書から見た目標（間接法）]			
	4. 営業活動によるキャッシュフロー			
	・税引後当期純利益			
	・減価償却費			
	・売上債権の増減			
	・仕入債務の増減			
	・棚卸資産の増減			
	・未払金の増減			
	・その他			
	2. 投資活動によるキャッシュフロー			
	・有形固定資産の取得			
	・有形固定資産の売却			
	・無形固定資産の取得			
	・無形固定資産の売却			
	・投資有価証券の取得			
	・投資有価証券の売却			
	・子会社等への資金の貸し付け			
	・子会社等への貸付金の回収			
	・その他			
	3. 財務活動によるキャッシュフロー			
	・短期借入金の増加			
	・短期借入金の返済			
	・長期借入金の増加			
	・長期借入金の返済			
	・社債の償還・配当金			
	・配当金の支払い額			
	・その他			

図 4-18　資金の目標とは何か（問 22）

問23 健全なキャッシュフローを維持しているか

相談者　農業機械メーカー、経営管理部、課長

当社は業界の中堅です。この5年間、ROE、ROAなどの利益率が低迷しています。幸い資金繰りは余裕はありませんが回っていますので、資金の使い方に問題があるのではないかと思います。部長からは、役員会に次期中期経営改革案を提出したいのでその概要をまとめてほしいと言われています。

筆者

資金の使い方以外にも問題があるかもしれません。この機会に一緒に考えてみましょう。

解説1 ▼ 健全なキャッシュフローとは

キャッシュフロー（資金の使い方）の健全性が資金繰りや利益率を決定すると筆者は考えています。資金繰りや利益率は、どのような資金をどのように調達し、どこにどのように使ったのか、使っているのかによって決まります。調達した資金の性質・金利・返済方法、投資先の良否、職場やチームにおける資金（予算）の使い方（仕事の仕方など）、業務プロセスの成熟度、デジタル活用の巧拙などによる結果がキャッシュフロー計算書に表れます。もちろん、キャッシュフロー計算書だけでは、財務情報に限られ、時系列でキャッシュの実際の流れ（フロー）を知ることはできませんが、有価証券報告書に記載されている非財務情報が、経営活動の状況（組織、事業分野、経営リスクなど）を見ることである程度補うことが可能です。

資金繰りと利益率を生みだすキャッシュフローのことをフリーキャッシュフロー（ＦＣＦ）[注1]といいます。筆者は、将来に対する投資も適切に行われ、かつ良好なＦＣＦのことを「健全なキャッシュフロー」と呼んでいます。「健全なキャッシュフロー」は、過去・現在・未来に経営活動を健全に継続させるための大前提となるからです。しかし、キャッシュフロー計算書では時系列で資金の流れは表示されませんので、トラクターの部材の仕入れ資金、流通チャネルに販売してから代金回収までのキャッシュフローの速度（現金の支払いから代金回収までの日数）は分からないという盲点があります。

注1　ＦＣＦ……Free Cash Flow：フリーキャッシュフローのこと。営業キャッシュフローから投資キャッシュフローを引いた額です。プラスが大きいほどキャッシュフローに余裕があることを示します。ただ、投資を怠っている場合もこの差額は大きくなるので、数年間の推移を見てその良しあしを判断することが大切です。

解説２▼ＣＣＣ（キャッシュ・コンバージョン・サイクル：現金循環日数）

キャッシュフロー計算書の盲点を補う考え方がＣＣＣです。事業活動において、現金は材料仕入（買掛金）、トラクター（商品）、販売（売掛金）に姿を変えます。この一連の事業活動のサイクル（回転日数）を知ることで、キャッシュフローを改善するためのフィードバックデータを得ることができるのです。

ＣＣＣは、「売上債権の回転日数」に「棚卸資産の回転日数」を加算し「仕入債務回転日数」を差し引くことによって算出します。それぞれの説明は次の通りです。

＊売上債権の回転日数……現金が売上債権（売掛金など）になり回収されるまでの日数のこと。

＊棚卸資産の回転日数……現金が棚卸資産（材料、仕掛品、商品）から売上債権になる日数のこと。

＊仕入債務回転日数……現金が仕入債権（買掛金など）になってから支払いまでの日数のこと。

解説３▼健全なキャッシュフローを維持する業務改革課題

それでは、健全なキャッシュフローを生みだしそれを維持するためには、どうしたら良いでしょうか。

キャッシュフロー計算書とＣＣＣが、相談企業のキャッシュの状態を説明しています。またＣＣは、キャッシュフローの速度を教えてくれます。これらの情報から、企業の基幹業務とそれを支える業務プロセスに投資された資金の収益性・生産性の総合評価として読み取ることが可能です。このフィードバックから、特に基幹業務プロセスとそれを支える主なサブ業務プロセスの改善課題を検討することが可能です。

その改善計画とは、次の内容となります。

（１）キャッシュフロー計算書からのフィードバック

＊営業キャッシュフローを改善する業務改革……営業活動管理、売上管理、仕入管理、原価管理、部材・商品在庫管理、売上債権管理の各プロセスのムリ・ムダ・ムラを省き、生産的なプロセスに改善します。

＊投資キャッシュフローを改善する業務改革……投資案件ごとの投資計画の質を上げること、投資プロジェクトのＱＣＤ（品質・コスト・納期）の成功率（実現率）を改善するためにＰＭ力の強化を図ります。

＊財務キャッシュフローを改善する業務改革……資金調達の内容と多様性の視点から見直します。

（2）ＣＣＣからのフィードバック

事業の回転速度を上げれば、少ない資金で収益を増加させる準備ができますので、ＣＣＣを短縮させる目標設定が必要になります。ですが、事業の成功は、営業利益の黒字化であることを忘れてはいけません。

＊売上管理の業務改革……営業活動及び販売条件（売掛金の発生、回収）を改善します。

＊棚卸資産管理の業務改革……材料調達プロセスから生産プロセスまでのリードタイムの短縮を図るための業務改革とデジタル技術の活用、および商品在庫日数の短縮を進め最適化を図る改善を行います。

＊仕入管理の業務改革……仕入活動及び仕入条件（買掛金の発生・支払い）を改善します。

＊業務改革とＤＸの必要性……ＣＣＣは、基幹業務プロセスとそれを支える主要な業務プロセス

のパフォーマンス（リードタイムや所要日数）を合計したものです。会計情報は会計システムの中で、仕訳データとして時系列でつながっていますが、それを生み出している業務プロセスと調達管理、生産管理、在庫管理、営業管理の各業務プロセスだけでなく、各業務の付帯業務も多岐にわたりますので、多くの場合改善の余地がたくさんあります。

業務プロセス改革、人材育成、ナレッジマネジメント、ＤＸを着実に進めることが大切なのです。

キャッシュフロー計算書からのフィードバック

*営業キャッシュフローを改善する業務改革
●営業活動管理、売上管理、仕入管理、原価管理、部材・商品在庫管理、売上債権管理の各プロセスの改善
*投資キャッシュフローを改善する業務改革
●投資案件ごとの投資計画の見直し　●PM力の強化
*財務キャッシュフローを改善する業務改革
●資金調達を見直します。

＋

CCC（現金循環日数）からのフィードバック

*売上管理の業務改革
●営業活動および販売条件の改善
*棚卸資産管理の業務改革
*仕入管理の業務改革
*業務改革とDXの推進

↓

健全なキャッシュフロー
●将来の投資
●良好なFCF（余裕のある資金繰り）
●利益率の向上

↓

持続可能な健全な事業

図4-19　健全なキャッシュフローを維持しているか（問23）

第7節 生産性の問い

生産性とは、投入した生産要素と、生産要素から生み出した「産出」の比率です。「事業活動に投入した生産要素から最適な産出を得る」というマネジメントの評価指標でもあります。生産要素は、人材、資産（有形・無形）、資金、時間、情報などがあり、産出は売上高や利益などです。特にドラッカーは、『創造する経営者』の中で、投入した「作業量（トランザクション：transaction）」に着目しました。これは、同じ結果を得るのに「手間ひまをかけない」「やり取りの回数を減らす」ことで生産性を高める発想です。

生産性の鍵を握るのは、知識労働者の働きぶりと、マネジメントの良しあしであることに変わりありません。それでは、どのようにしたら生産性を高めることができるのでしょうか。

そのためには、次の［問い］に答える必要があります。

問24 生産性とは何か
問25 プロセスマネジメントは機能しているか
問26 ナレッジマネジメントは機能しているか
問27 生産性の目標とは何か

問24 生産性とは何か

相談者　**産業機械メーカー、営業本部、課長**

当社は、創業60年、独自技術でニッチ市場を押さえた結果、特定分野の大型産業機械で世界シェア上位です。ただ課題なのが、大型機械の需要に波があり、収益が安定しないことです。収益を安定させるため、中長期的には、現在の大量生産モデルに適した大型の産業機械を提供するビジネスモデルから、消費者ニーズに即した商品を多品種少量生産できる小型の産業機械を安定的に提供するビジネスモデルに変革したいと考えています。当社にはマーケティング部門はありません。

筆者

技術開発力に強みがあるようですね。それでは、営業部門の生産性についてはどうでしょうか？

相談者 製品が売れるか否かは製品開発力によるので、営業部門の生産性についてはあまり考えたことがありません。海外販売も、現地の提携販売会社に任せきりでした。

筆者 新しいビジネスモデルを実現するには、まず営業部門の生産性を上げることが不可欠です。

解説1 ▼ 生産性の測定指標について

生産性を上げるためには、その測定指標を定めることから考えます。生産性の測定指標には、財務視点と非財務視点に分けられます。まず財務視点の生産性の基本的な考え方を説明します。財務視点の生産要素の総計である総資本利益率（ROA：利益／総資本）は、売上高利益率（利益／売上高）に総資本回転率（売上高／総資本）を乗じて表します。このROAという指標は経営分析では収益性の視点で語られることが多いのですが、マネジメント視点からみると、営業社員の給与など販売費を効率よく使い売上を上げたかが分かる指標であることから、営業部門のマネジメントにおける生産性の測定指標でもあります。

次に、非財務視点からの生産性の測定指標について見てみましょう。代表的な非財務視点の生産要素には、経営理念や価値観、経営指針、社員の働きぶり、商品開発力、技術力、顧客情報、取引先情報、組織として蓄えた知見、イノベーション力など、たくさんあります。財務視点からだけでは、営業部門としても組織全体としても生産性を正しくとらえることはできないのです。世界的に見て「統合報告書」（第5節参照）が財務諸表と並んで開示される流れがあることは、新たな生産性指標に対するニーズを表しています。

マネジメントの視点からは、財務視点だけでなく、非財務情報をベースにできるだけ多くの生産要素で検討することや、特に知識労働者の生産性を意識した測定指標を検討することが重要です。

解説2▼営業部門の生産性の意味

営業部門の生産性とは、営業活動で使用している生産要素（経営資源）の活用とその産出です。相談者が懸念しているように事業の収益が安定しないのは、営業部門の生産性を高めたり、安定させたりする生産要素の使い方、つまり生産要素マネジメントが、機能していない結果ともいえます。

営業部門の生産要素には、営業社員、営業施設（事業所、営業車、ＩＴ費用など）、商標・ブランド価値、営業諸経費（人件費、施設費、交際費など）があります。物的資源（国内・国外事業所など）ごとの生産性（収益性）について検討することは第一歩にすぎません。営業本部がマーケティング機能を兼ねるつもりで、顧客や市場の情報を分析し、技術部門や管理部門、経営企画部とも直接に意見交換をすることで、新しいビジネスモデルの提案を作成することができれば、それも営業部門の働きぶりを示すプラスの生産性といえるでしょう。

解説3▼営業部門の生産性を向上させるには

どのようにしたら営業部門全体の生産性を高めることができるでしょうか。次の施策が有効です。

＊ＶＥ（バリューエンジニアリング：価値工学）による総資本利益率の向上

ＶＥとは、製品の価値、つまり製品の機能や利便を生み出すのに、どれだけのコストを投入したかで表します。営業部門でいえば、受注にかけるコストを減らすか、同じコストでも受注件数を増やせるよう改善する活動をいいます。財務的にも、前述の総資本利益率を改善し生産性を高める効果があります。ＶＥは製造業でよく使われている手法ですが、製造業以外にも適用できます。

＊プロセスマネジメント

ビジネスモデルを構成する各業務プロセスの時間・コストを削減し、そのプロセスが産出する成果、機能、品質、情報などを増大させるために、業務プロセスの成熟度レベル（問25）を上げ最適な状態を維持するマネジメント活動のことです。営業部門の提案書作成や商談のプロセスを改善したり、ＡＩなどのデジタル技術を使ったりして生産性を高めることが可能です。

＊ナレッジマネジメント

ナレッジとは、人的資源、知識資本、顧客、取引先、商談履歴やクレーム履歴などに関する情報から得られた、営業活動に有効な情報やデータのことです。顧客タイプ別に成果をあげる営業活動（提案書、プレゼンの仕方など）と知識などのナレッジを共有し、定期的に更新するとともに、営業人材を育成する（第４節参照）ことで、営業部門全体の生産性の向上に貢献することが可能です。デジタル技術の活用は必須となります。

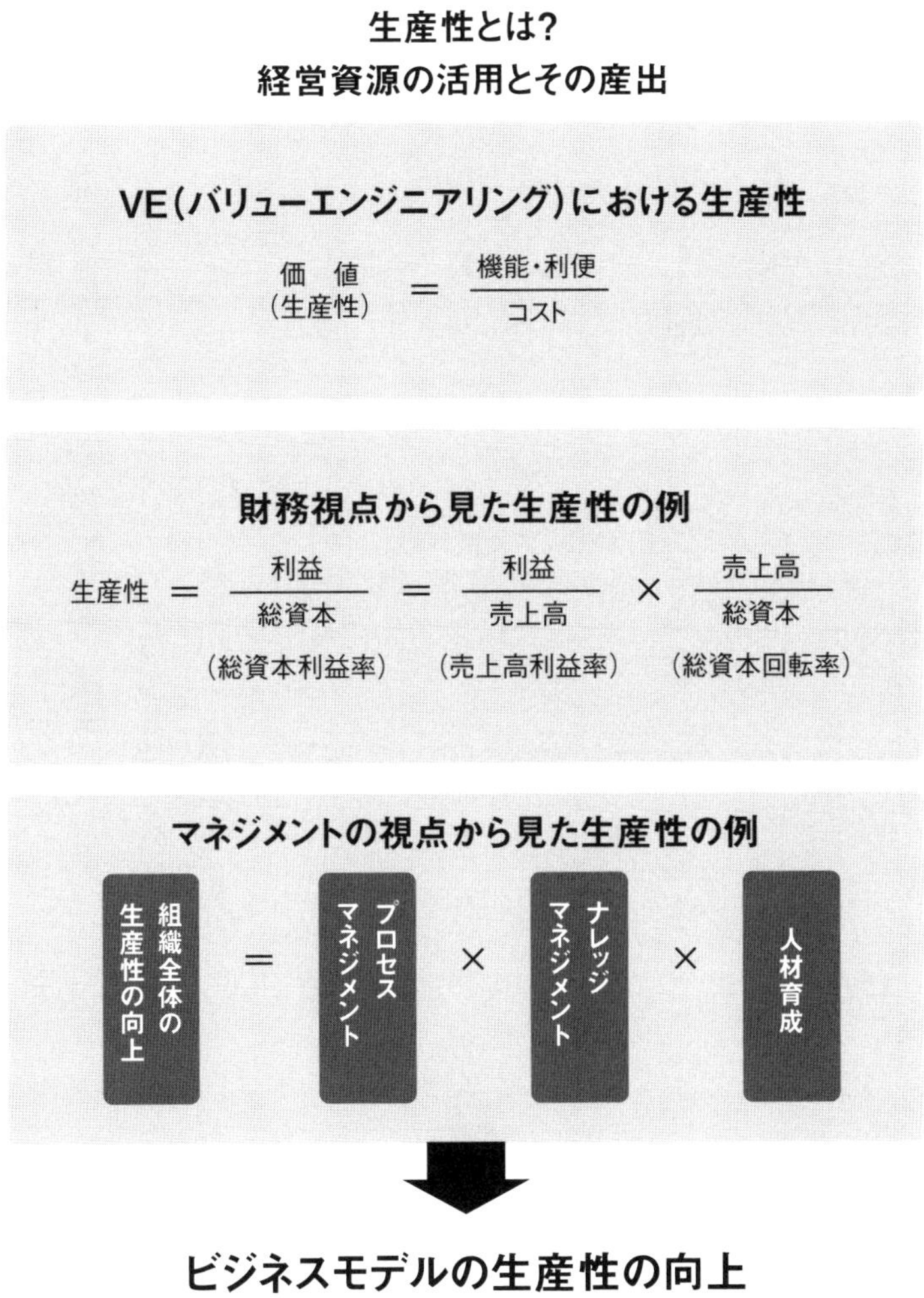
生産性とは?
経営資源の活用とその産出
VE(バリューエンジニアリング)における生産性
価値（生産性）＝機能・利便／コスト
財務視点から見た生産性の例
生産性＝利益／総資本（総資本利益率）＝利益／売上高（売上高利益率）×売上高／総資本（総資本回転率）
マネジメントの視点から見た生産性の例
組織全体の生産性の向上
＝
プロセスマネジメント
×
ナレッジマネジメント
×
人材育成
ビジネスモデルの生産性の向上

図 4-20　生産性とは何か（問 24）

問25 プロセスマネジメントは機能しているか

相談者　音響機器メーカー、業務管理部、課長

私は業務用と消費者向けの音響機器を製造しているメーカーに在籍し、資材調達から製品出荷までの業務全般の管理を担っています。業務プロセスの改善については、取引先との長年の商慣習という壁があり、思うように着手できませんでした。最近になって、デジタル活用により生産性と収益性を向上させることが会社の中期目標に掲げられました。何から手をつけるべきか悩んでいます。

筆者

日本企業の多くが、これまでのやり方を変えたいと思いながらも、どのように改善したら良いのか、試行錯誤しています。グローバルスタンダードなども参考にしながら一緒に考えてみましょう。

解説1 ▼ 組織活動の非効率さが生産性を下げる

長年の商慣習からできた業務は、仕入れ先ごとに手順が違ったり、交わしている見積書や注文書などの書式が異なったりする場合がほとんどです。購買業務のプロセスが、事業所や工場ごとにまちまちなケースもあります。資材検収や発注残の管理などいくつもの作業がそれぞれ担当者個人に委ねられている場合、いわゆるブラックボックス化（属人化）していて、何かあったときに、担当者に聞かなければ、本当のところが分からない、見えないといったケースもあります。

このような業務の状態は、いろいろな意味で問題があります。取引先とのやり取りが増え、社内の工場・事業所とのやり取りも増加しがちで全体の生産性を下げます。また、属人化し不透明な業務には、コンプライアンス違反の温床になる場合さえあります。非効率でブラックボックス化した仕事を改善し、業務の生産性（効率）を高めると同時に、透明性を確保する、そのために必要な自動化やデジタル技術の活用も行うというのがプロセスマネジメント（業務改革）の方向性になります。

解説2 ▼ グローバルスタンダードのCMM

プロセスの改善には、CMM（Capability Maturity Model：組織能力の成熟度）が参考になります。これは、1987年に米カーネギーメロン大学ソフトウェア工学研究所がソフトウェア開発のプロセスの成熟度を測る指標として開発したものですが、この考え方は様々な業務や組織の成熟度を測る尺度として世界に広まっています。成熟度は、組織目的を実現する業務の高度化の状況を測る指標です。

5つのレベルから業務の高度化を測ります。レベル1は、初歩的な管理がされている状態。レベル2は、初歩的な管理がされているが担当者任せの状態。レベル3は、書式と手順により標準化・定型化が実現しているので、担当者が代わってもその業務は支障なく遂行できる状態、「あるべき姿」の初段階といえます。レベル4は、作業が計測され定量的に管理（デジタル化が必須）されている状態。

レベル5は、継続的な改善により業務は最適化されている状態、という5レベルをもって業務プロセスの高度化を判断するものです。

製造業であれは、ＩＳＯ９００１の品質マネジメントシステムを取得している場合が多いと思いますが、この認証は、ＣＭＭレベルでいうとレベル３以上の状態を指すものと考えて良いでしょう。この認証を取っている企業でも、工場以外の業務分野では、成熟度３未満の状態、属人化している業務をかなり抱えているケースもあります。日常業務の中で、膨大な作業量（やり取り）を削減するなどの具体的な改善目標を掲げて計画的に業務改善を行うことで、最適な業務プロセスに移行することが求められているのです。筆者の見解によれば、ユニリーバ、３Ｍなどの欧米のエクセレンス企業は、ＣＭＭレベルの「４」から「５」を実現するのに、５年から７年をかけています。

解説３▼プロセスマネジメントによる最適な業務プロセスの実現

プロセスマネジメントは、業務プロセスを計画的に改善し、生産性の向上だけでなく、品質向上、コスト削減、顧客満足度の向上、社員満足度の向上を実現する活動をいいます。

進め方としては、次の手順があります。

（1）現状分析……現状のワークフローやタイムラインに沿ってプロセスを見える化（文書化）し、問題点や課題を洗い出します。ＡＢＣ分析、ＶＥ、ワークフロー分析、プロセス分析を使用します。

（2）あるべき姿の明確化……生産性や品質、顧客満足度の向上を図るワークフローやプロセス及び基準（量・質・方向性など）を設計し、新たな職務定義を行います。相互要求分析（第8節）を使うことで、全体最適につながる部分最適の要求事項を明らかにすることが可能です。

（3）あるべき姿の実現……あるべき姿を定着させるための人材教育を行います。

（4）プロセスの実行と監視・統制……あるべき業務プロセスを各担い手が実行するとともに、その実行状況を監視・統制することで、あるべき姿の基準を維持します。

（5）継続的な改善……状態を監視することで得られたデータを統計処理するなどして、課題を継続的に改善します。ここで得られた知見は、新しいナレッジとして、ナレッジマネジメントに活用します。

このような、業務プロセスのマネジメントの成功例としては、ＱＢハウス（理髪業チェーン大手）があります。筆者が何年か前にシンガポールに行ったときに、地下街の階段下に椅子を数席設けただけの小さなＱＢハウスがありましたが、10年近く前からシンガポール、香港、台湾への進出を果たしています。この理髪事業では、洗髪ひげ剃りはせず、散髪で床に落ちた髪の毛は壁に設置した吸引装置で掃除しています。待ち時間を店外に知らせるシグナルランプがあり、顧客の待ち時間にも配慮しています。こうして業務プロセスを最適化した結果、一人あたり平均10分程度の時間で仕上げるビジネスモデルを実現し生産性を上げているのです。

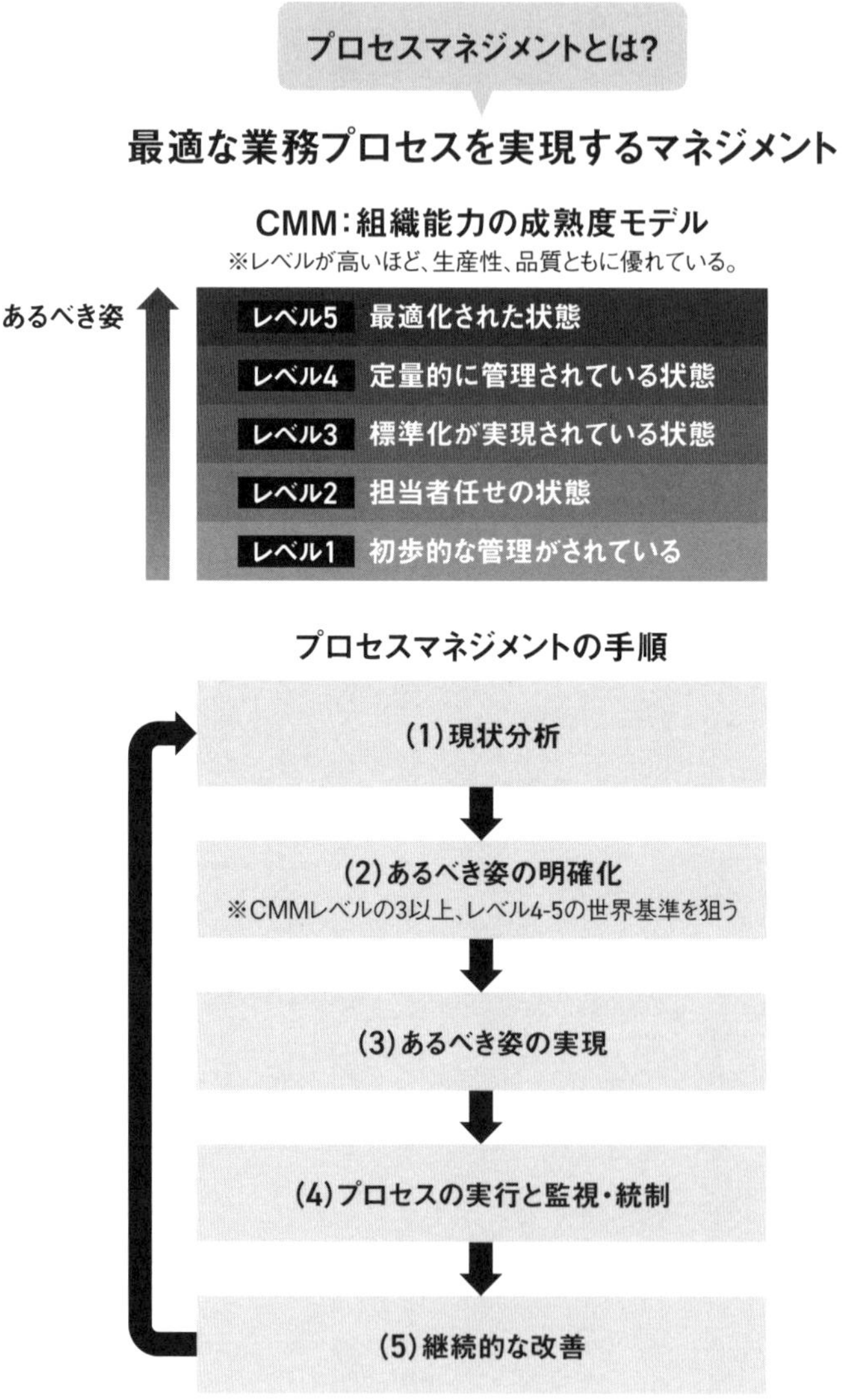

図 4-21　プロセスマネジメントは機能しているか（問 25）

問26 ナレッジマネジメントは機能しているか

相談者　ガス製造などエネルギー事業、価値創造本部人事課長

弊社はある地域を中心にガス製造及び関連工事に加え、再生可能エネルギー開発にも取り組んでいます。これまでは、研究所の研究者の知見を価値創造の柱にしてきましたが、今後は技術・開発部門、デジタル部門、営業部門と連携をとり、社会課題を解決するための新事業を開発したいと考えています。価値創造本部を中心に、部門横断的にナレッジマネジメントを導入したいと考えています。私はそのクロスファンクショナルチームのリーダーですが、進め方について悩んでいます。

筆者

ナレッジマネジメントは道具です。システムの導入が目的にならないために一緒に学びましょう。

解説1 ▼ 情報からナレッジマネジメントへ

ナレッジとは、財務視点の総資本だけでなく、経営理念、人の働きぶり、技術力、顧客、取引先、商談やクレーム履歴など非財務情報（データ）のうち、ビジネス価値を生む特定の情報のことをナレッジと呼びます。単にデータや情報がたくさんあっても、実務と成果に結びつかなければナレッジとは呼びません。さらに、実務において卓越した成果に結びつくナレッジをコアコンピテンスといます。今回のチームのミッションであるナレッジマネジメントで大切なことには2つあります。第1に、社内外の情報から自らの組織に必要なコアコンピテンス（卓越した実務成果を生むナレッジ：中核的な知見）を明確にすること、第2は、ナレッジとコアコンピテンスを定期的に更新し、プロセス改善と人材育成につなげ、業務の生産性と品質を向上させる一連のナレッジマネジメントのプロセスを構築しそれを機能させることです。

解説2▼コアコンピテンスを明確にする

コアコンピテンスの活用については、大手化学メーカー3Mのナレッジのプラットフォームが参考になります。2023年の同社の年次報告書を見ると51個の基幹テクノロジーから、コンピテンスのプラットフォームが形成されています。一つの中核的（基幹）テクノロジーから生み出される商品の数は1000を超える（『3M・未来を拓くイノベーション』p.83）といわれています。

横軸には、材料分野、プロセス、機能、デジタル、アプリケーションの領域があり、縦軸には領域ごとのサブカテゴリーが6から15に分類されています。例えば、材料領域には、セラミック、バイオ材料、フィルム、ナノテクノロジーなどが、デジタル領域には、モデリングとシミュレーション、ロボティクス、センサー、ソフトウェアソリューションなどがあり、各メッシュには、その分野のナレッジが集積されています。このプラットフォームは、世界で共有されており、有志が15％カルチャーを使って自由に新しいことに取り組むことが可能です。まさにコアコンピテンスが人材育成、新事業開発に活用されているわけです。

またある機械メーカーでは、スキルズマップを活用しています。縦軸には、製品や商品の技術要素や市場や顧客知識、商談スキルなど中核的な営業ナレッジ（コアコンピテンス）を配置し、横軸には、現在取り扱っている、あるいは研究している仮の商品名などを配置します。このマトリクスのメッシュの中に、社員番号を記載します。このような情報システムがあれば、組織のコアコンピテンスと社員との関係が一目瞭然です。どのような組織でも、商品・サービスに貢献しているコアコンピテンスを明確にして、一人ひとりの強みや能力がどの商品やサービスに貢献しているのか、今後のチャレンジすべき分野、生かすべきスキルや技術分野が見えるというナレッジマネジメントを機能させることが大切です。

解説3▼ナレッジマネジメントのプロセス

それでは、具体的にナレッジマネジメントプロセスとは何でしょうか。次の手順から成り立っています。

（1）事業のMSC基本計画の理解……各部門はそれぞれの目的・ミッションを確認する。
（2）計画策定……ナレッジマネジメントの目的、適用範囲（部門・地域）を明確にする。
（3）知識の収集……各業務の知見（社員とその成果）、社員満足度調査、顧客満足度調査、ベンチマーキング（優れたプロセスなどを自組織に取り入れる活動）、市場情報などから、知識（知見）データベースを構築する。

(4)コアコンピテンスの明確化……知識を分析、分類、整理する。このとき、「成果をあげた知識は何か」「強みといえる知識は何か」「有効な知識が商品に組み込まれているか」の問いが有効です。

(5)教育の実施……部署ごとに新しいナレッジを教育し、OJTなどを活用して実践を促す。

(6)知識の活用と測定評価……業務に知識を活用し、その結果を測定し評価する。

(7)継続的な改善を行う……各部門では、3カ月後、6カ月後に得られた成果に関するデータを統計処理するなどして課題を明らかにするとともに、蓄積したナレッジを更新し、コアコンピテンスを継続的に改善します。その際には、各業務のプロセスマネジメントと連携します。

ドラッカーは、知識(ナレッジ)が事業であるとしたうえで、「知識とはそれらの情報を仕事や成果に結びつける能力である。」(『創造する経営者』p.144)といいます。組織内外の情報の中からナレッジとコアコンピテンスを見つけて正しく業務に適用すれば、組織の生産性を高めることに貢献できるのです。ミドル(職場やチームのリーダー)の仕事は知識労働ですから、ナレッジマネジメントは、ミドル自身の成長を促進させ組織が成果を生み出す基盤であり、全ての組織の生産性を高める基盤となり得るのです。

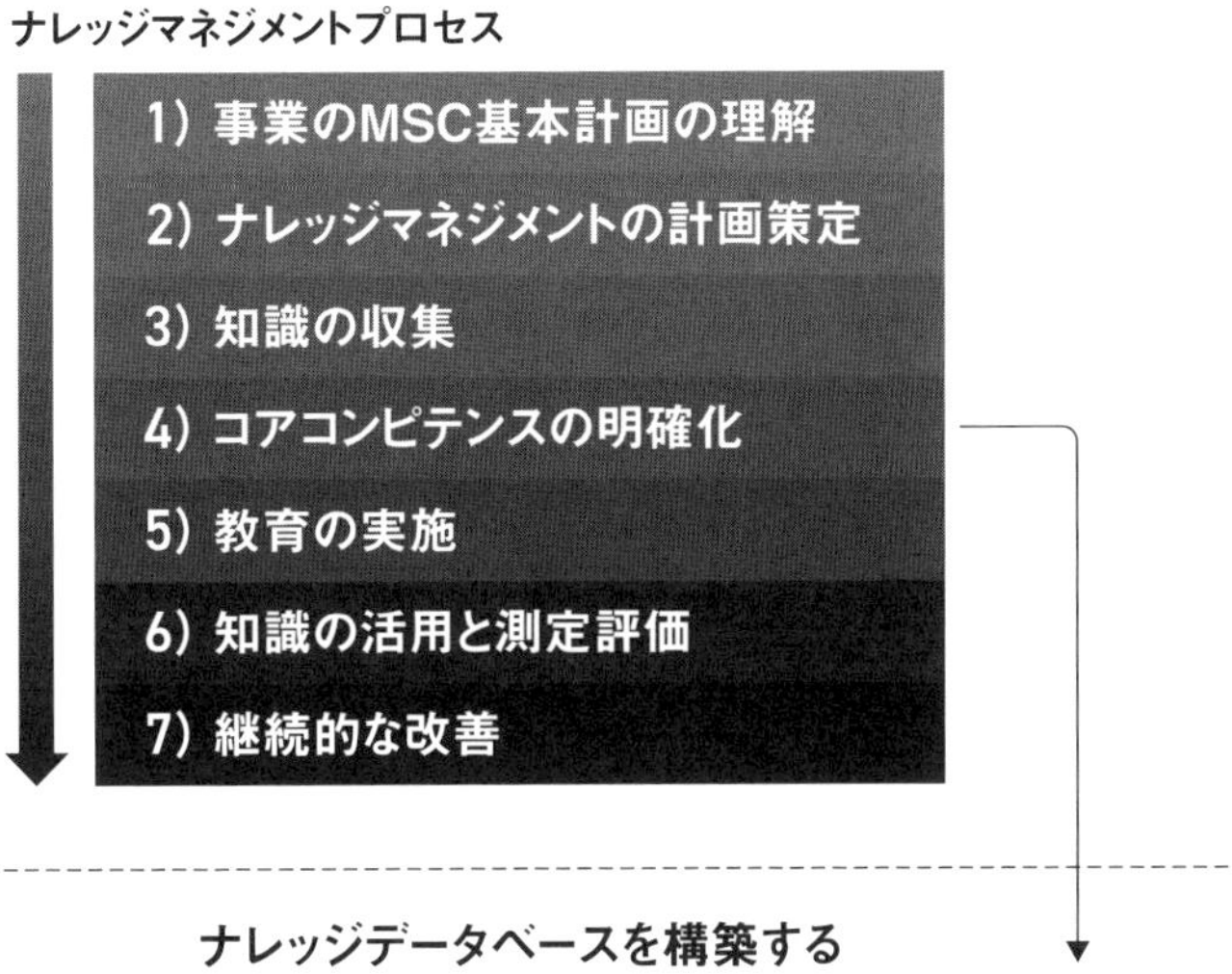
ナレッジマネジメントプロセス
1）事業のMSC基本計画の理解
2）ナレッジマネジメントの計画策定
3）知識の収集
4）コアコンピテンスの明確化
5）教育の実施
6）知識の活用と測定評価
7）継続的な改善
ナレッジデータベースを構築する

技術要素／知見	製品A	製品B	製品C	製品D
○○技術	Sh0001 Bc0015	Sh0251 Bc0058		
△△技術	Sh0001 Bc0030		Sh0001 Bc0030	Sh0001 Bc0045
知見N市場	Mk0045 Mk0168	Sh1621 Bc0030		
知見V市場	Mk0221 Sg0531	Mk0221 Sg0721	Fh0641 Fh0315	

※スキルズマップの例。メッシュ内には社員番号を表示する。空欄は、該当者なしを示す
※技術部門も営業部門も同じデータベースで管理できる

図4-22　ナレッジマネジメントは機能しているか（問26）

問27 生産性の目標とは何か

相談者　飲食ダイニングバー事業、経営管理部、課長

弊社は全国に約400店舗と7つのブランド（業態）をもつ飲食店チェーンを営んでいます。国内市場は人口減少が続いており、わが社では事業構造改革を目指して生産性を高めることを、最重要課題にしています。コスト削減ではなく、事業構造の改革を実現する方法を模索しています。

筆者　事業構造の改革を見据えた生産性の目標を、一緒に考えてみましょう。

解説1 ▼ 財務情報からの生産性の目標と限界

一般に経営分析での生産性の計算式は、分母（経営資源：ヒト、モノ、カネ）に占める分子（売上高、生産量、付加価値：売上総利益、営業利益など）の割合で表します。これをベースに、ヒトの生産性を労働生産性（付加価値／従業員数）、モノの生産性を労働装備率（付加価値／有形固定資産）、カネの生産性を資本生産性（付加価値／資本）として、多くの会社で基本的な経営管理指標としています。

しかし、これらの指標で企業の生産性がほんとうに分かるのかという疑問が残ります。というのはこれらの生産性の指標は、肉体労働と物理的な機械設備の財務情報から算出した数字だからです。今日の日本のように、働く人のほとんどが知識労働者である場合は、工場（食材の生産ライン）や店舗も含めて人的資本である知識労働者がたくさんいます。将来的には統合報告書に記載がある非財務情報（人的資本、知的資本、社会・関係資本、自然資本）も考慮して、生産性の目標を設定する必要があります。

解説2▼知識労働者の生産性を高めるには

飲食事業では、新メニューの開発やブランドの開発に関わっている人、全国の店舗運営を支援する運営管理や店舗開発部門はじめ、スーパーバイザー、調達購買部門、IT／DX部門、人事教育部門、広報などの本部スタッフなど、知識労働者の生産性の向上が、今後の事業構造改革のカギを握ることになります。

ドラッカーは、知識労働者の生産性を高める6つの条件として、『明日を支配するもの』の中で、次のようにあげています。

（1）仕事の目的（task：為すべきこと）を考える……各部署のミドルクラスが事業のMSC基本計画（第3章）で決めた成果と生産性の測定尺度を考え、為すべきことにコミットして仕事に取り組むようにすること。

（2）働く者自身が生産性向上の責任を負う……各部署の基本計画に沿って各自が自身の為すべきことのために自らをマネジメント（実現方法と期限を決め、上司の承認を得る）すること。

（3）継続してイノベーションを行う……ミドルクラスはオンライン面談やAIなどデジタル技術を活用した新しい仕事のスタイルを自ら実践し、上司や会社に事業構造改革につながるアイデアや提案を行うこと。

（4）自ら継続して学び、人に教える……ミドルクラスは学びを継続するとともに、業務改革やナレッジマネジメントから得た新しい知識を、部下や関連部署にも提案し教育するなど、他者の成長に貢献すること。

（5）知識労働の生産性を、量より質でみる……たくさんの目標を設定することより、各部門の知識労働者が自ら成長できるような質（メニューの魅力、卓越した接客など）の生産性の目標を設定すること。

（6）知識労働者を、組織にとってコストではなく資本財とみる……自社のコアコンピテンス（問26）をより良いもの、最適な状態を維持する仕組み（ナレッジマネジメント）の構築に積極的に協力すること。

経営管理部は、これらのことを各部署に教育（生産性マインド教育）します。これは知識労働者のマインドを変えるものですが、組織文化に関わることでもあり、各部署の部長クラスの理解にも働きかけましょう。

解説3 ▼ 生産性の目標の全体像

それでは、経営管理部として、各部署と擦り合わせる生産性の目標を以下に整理しておきましょう。

（1）財務視点の生産性の目標……この目標は、財務部門に要求すれば提供してくれます。例えば収益性の指標として使われている、総資本利益率（問24）などです。

（2）生産性マインド教育の目標……教育を受けた人数、実務成果を出した人数と割合。

（3）人材育成施策の生産性の目標……人材教育（スキルアップ、リーダーシップ、プロマネ教育、サクセッションプランなど）を受けた人数と割合、実務成果を出した人数とその割合。

（4）プロセスマネジメントの生産性の目標……ブランド開発部門には、業態開発プロセスの成熟度と成果・生産性及び社内外のクレーム数などパフォーマンスを報告してもらいます。[注1]プロセスオフィスがあれば、そこに主要な業務プロセスのパフォーマンスの報告を要求します。

（5）ナレッジマネジメントの生産性の目標……各部からナレッジマネジメントプロセスに関する以下の報告を受けます。まず、各部署のコアコンピテンスの満足度、およびナレッジマネジメントプロセスの成熟度とパフォーマンス（満足度、実務への貢献度など）について、各部署から報告を受けます。

経営管理部は、各部署の生産性を高めるための教育と支援機能が求められています。また、プロセスマネジメント、ナレッジマネジメントの情報インフラとしてIT／DX部門との連携は必須となります。

注1　プロセスオフィス……会社の主要なプロセスの最適化を目的に継続的な改善を行う専門部署。外資系エクセレントカンパニーでは、業務プロセスの改善を目的にデジタル技術の活用を考えるという組織文化をつくりあげている中核的な組織機能のこと。日本企業では、製薬業や金融業の一部では、行政など諸規制があるために取り入れている会社の比率が高い。

生産性に関わる目標設定の例

	活動（CSF）と測定尺度	目標値	担当者	日程
7. 生産性の目標	[財務情報からみた生産性の目標]			
	1. 総資本利益率（ROA）（利益÷総資産）			
	2. 自己資本利益率（ROE）（付加価値÷自己資本）			
	3. 使用資本利益率（ROCE）（付加価値÷（自己資本＋有利子負債）			
	4. 経済的付加価値（EVA）			
	5. 総資本回転率（売上高÷総資本）			
	6. 売上総利益率（売上総利益÷売上高）			
	7. 営業利益率（営業利益÷売上高）			
	8. 限界利益率（限界利益（売上高－変動費）÷売上高）			
	9. 労働生産性（付加価値÷従業員数ｏｒ　時間数）			
	10. 労働装備率（付加価値÷有形固定資産）			
	11. 店舗・営業拠点生産性（付加価値÷店舗数ｏｒ　営業拠点）			
	[知識労働者の生産性マインド教育の目標]			
	1. 生産性を高める生産性マインド教育を受けた人数			
	2. 教育の結果、実務成果を出した人数、割合			
	[人材育成施策の生産性の目標]			
	1. 各講座（スキルアップ、リーダーシップ、プロマネなど）を受けた人数			
	2. 各講座（同上）教育の結果、実務成果を出した人数、割合			
	[プロセスマネジメントの目標]			
	1. 主要業務プロセスの成果（成熟度、満足度、貢献度、下記は例示）			
	・メニュー開発プロセスの成果			
	・地域運営管理プロセスの成果			
	・品質管理プロセスの成果			
	2. 主要業務プロセスのクレーム数			
	（上記の各プロセスについて必要、省略）			
	[ナレッジマネジメントの生産性の目標]			
	1. コアコンピテンスの成果（満足度、貢献度、下記は例示）			
	・スーパーバイザーのコアコンピテンスの成果			
	・店舗サポートのコアコンピテンスの成果			
	・データ分析チームのコアコンピタンスの成果			
	2. ナレッジマネジメント（プロセス）の成果（成熟度、貢献度、下記は例示）			
	・スーパーバイザーのナレッジマネジメントの成果			
	・店舗サポートのナレッジマネジメントの成果			
	・データ分析チームのナレッジマネジメントの成果			
	3. ナレッジマネジメント（プロセス）の成果（満足度、貢献度、下記は例示）			
	（上記の各プロセスについて必要、省略）			

図 4-23　生産性の目標とは何か（問 26）

第8節 利益の問い

ドラッカーは、利潤動機、つまり金もうけのために仕事をするという動機について懸念を表明していた一人でした。利益は働く目的ではなく、事業を継続するための条件であるとしたうえで、「たとえ経済人の代わりに天使を代表取締役（businessmen）にもってきたとしても、つまり金銭（profit）に対する興味がまったく存在しなかったとしても、利益（profitability）に対しては重大な関心を払わざるを得ない。」（『マネジメント』［上］p.71）と述べています。これは、とても大事なことをいっています。原著に沿ってドラッカーの真意をたどると、「利益（profit）の前に収益性（profitability）に関心を持て」となります。

ドラッカーの言葉を待つまでもなく、利益至上主義は不正の元凶であり、社会的不祥事の原因の常連です。そもそも、利益とは目的ではなく結果です。しかし、利益を上げられなければ企業は「限界的な存在」となり、存続の危機に陥ります。社会課題の解決に貢献できる価値創造と事業活動を継続するには、利益の前提となる収益性や生産性の改善が重視されなければなりません。このことをミドルマネジャーは意識したいものです。

そのためには、次の［問い］に答えることが役に立ちます。

問28 利益の目標とは何か

問29 会社の価値創造に貢献しているか

問28 利益の目標とは何か

相談者　宝飾品商社、経営管理部、課長

当社は創業60年、宝石や眼鏡、貴金属に特化した専門商社です。対面販売を重視しており、全国に直営店舗を展開しています。ですがコロナ禍前の業績には回復してはいないこともあり、経営陣は目先の利益に走りがちで、将来を見据えた施策をおろそかにしている印象です。中期経営計画を作成中ですが、利益計画をどう考えたら良いのか悩んでいます。

筆者

短期志向ではなく長期的な視点に立って、利益計画について一緒に考えてみましょう。

解説1▼ドラッカーのいう「条件としての利益」の意味

健全な事業活動には、「目先の利益よりも、長期的に事業を継続する中で必要な利益を得る」という考え方が不可欠です。ドラッカーも同じです。彼はこの利益を「条件としての利益」（『マネジメント』［上］第6章、第8章）と呼びました。

これを要約すると、次のようになります。「利益」は、成果の判定基準、技術者が自らの成果によって自らを律する手段、不確実性リスクに対する保険料、雇用に必要な資本供給、資本を増大させ経済を発展させる事業継続と企業の存続、未来のための費用、社会貢献の前提条件、医療・国防・教育など社会サービスの支払い、経済的機能（事業存続のリスクをカバーし、イノベーションを行う、経済発展の担い手の役割）の実現、また資本コストの支払い原資（『ポスト資本主義社会』p.102）などとなります。また、マネジメント・スコアカード（MSC）の他の7つの領域の目標を（利益に見合った目標に）制約すると述べています。健全な事業活動を継続するためには、単に「利益」ではなく「（事業存続の）条件としての利益」を理解することが大切です。

解説2▼「利益」は仕事の収益性・生産性を高めた結果

もう一つ別の視点から「利益」を見てみましょう。「そもそも利益とは目的ではなく結果である。マーケティング、イノベーション、生産性向上の結果、手にするものである。」（『マネジメント』［上］p.87）

とドラッカーはいいます。利益は事業の収益性を前提とするミドルマネジャーが行う事業活動の収益性・生産性向上の施策が問われます。具体的には、調達先の選定と仕入管理、自社加工業務、マーケティング、在庫管理、営業活動、代金回収などの業務プロセスの改革、ＡＩ・デジタル技術の活用などミドルマネジャーによる施策の巧拙に左右されるのです。

解説3▼利益の目標とは：利益計画の立て方

一般に、利益計画では予想損益計算書のボトムライン（予想利益）を算出します。ここでは事業継続の視点に立ち、「損益分岐点売上高」の分析と「条件としての利益」の視点から利益目標を検討し、利益計画を策定します。

（1）損益分岐点売上高の視点

利益計画は第1に、「損益分岐点売上高」（費用を賄える最低の売上高）の分析から始めます。[注1]損益分岐点売上高の算出方法の一つは、まず限界利益（売上から宝石や眼鏡など商品の仕入・加工原価を差し引いた額）を売上高で割り限界利益率を算出します。この限界利益率で、固定費（事務所維持費、給料など売上高に関係なく固定的な費用）を割ることで損益分岐点売上高を算出できます。この額を超えた売り上げを維持することで会社は存続できるのです。損益分岐点売上高ぎりぎりでは、得られる利益は固定費を賄うだけですから、未来への積極的な投資やリスク対応力を高めるには、安全余裕率[注2]を高める必要があります。事業のＭＳＣ基本計画（第3章）の実現性まで影響を与えます。

（2）「条件としての利益」の視点

第2に、「条件としての利益」の視点から、事業の継続のため未来に必要となる費用・投資を積み上げる考え方（ゼロベース）で利益計画を検討します。具体的には、すでに本書で述べてきたMSCの「利益の目標」以外の7つの目標にかかわる費用や投資を積み上げ、必要な利益を算出し、目標間および実現可能な利益とのバランスを取るという手順になります。

①社会性と顧客創造……社会貢献費用、社会に与えているマイナスの処理、顧客クレーム対応
②マーケティング……広告宣伝費、新規商品仕入費用、新規市場開発
③イノベーション……新商品開発費、自社商品・ブランド開発費、DX推進関連費用など
④人的資源……社員厚生費・給与改善、マネジメント教育、リスキリング・キャリア開発の費用など
⑤物的資源……有形固定資産投資（新店舗開発費用、設備改修費用、土地購入など）、無形固定資産投資（研究開発投資、知財関連費、ソフトウェア投資など）、投資他（投資有価証券、関係会社株式など）、情報資産投資（デジタル技術の活用、サイバー攻撃対策、セキュリティー強化、業務プロセス改革のためのデジタル投資、ナレッジマネジメントシステムおよび顧客創造プロセス構築など）
⑥資金……資金調達（新株発行など）資金コスト（借入金の返済、借入金の利息支払いなど）
⑦生産性……筆者は①から⑥のマネジメントの結果を「生産性の目標」とみているため、この項目での費用発生は無い

将来の利益につながる教育費・研究開発費などの未来費用をゼロベースで検討すると、未来費用が過大となり、それをまかなうための必要利益も大きくなることがあります。職場やチームを率いるミドルマネジャーとしては、事業全体のＭＳＣの基本計画・実行計画に沿って職場やチームのＭＳＣを検討する中で、必要な投資や費用を再検討しながら、業務の収益性と生産性を高める改革を進めることが望まれます。

「胃袋の大きさを越えて食べようとしてはならない」（『マネジメント』［上］p.149）とドラッカーはいます。できれば職場やチームのＭＳＣを複数案つくり、実現可能性やリスクを含めて検討することも有効です。

注1 損益分岐点売上高の算出方法……次の2つがあり［解説3］では第2法を説明した。
第1法：売上高、変動費、固定費による方法……損益分岐点売上高＝固定費／（1－変動費率）
第2法：売上高、限界利益による方法……固定費／限界利益率（限界利益／売上高）
※限界利益＝売上高－変動費

注2 安全余裕率……損益分岐点をどれだけ上回っているかを示す指標のこと。
・安全余裕率＝1－損益分岐点売上高比率
※損益分岐点売上高比率＝損益分岐点売上高（計算値）／実際の売上高

利益に関わる目標設定の例

	活動（CSF）と測定尺度	目標値	担当者	日程
8. 利益	[損益分岐点売上高の視点から]			
	< 損益分岐点売上高の算出 >			
	* 第一法：売上高、変動費、固定費による方法			
	1. 変動費			
	2. 固定費			
	3. 変動費率 = 変動費÷売上高			
	4. 損益分岐点売上高 = 固定費÷（1- 変動費率）			
	* 第二法：売上高、限界利益による方法			
	1. 変動費			
	2. 固定費			
	3. 限界利益率 = 限界利益÷売上高			
	4. 損益分岐点売上高 = 固定費÷限界利益率			
	* 安全余裕率を算出する			
	1. 損益分岐点売上高比率 = 損益分岐点売上高÷実際の売上高			
	2. 安全余裕率 =1- 損益分岐点売上高比率			
	[条件としての利益の視点から]（例示）			
	1. 社会性と顧客創造			
	・社会貢献費用（人類の 3 分の 2 の人々の QLO の向上に貢献するなど）			
	・社会に与えているマイナスの処理			
	・顧客クレーム対応費			
	2. マーケティング			
	・広告宣伝費			
	・新規商品仕入費用、新規市場開発費用			
	3. イノベーション投資			
	・新商品開発費、自社商品・ブランド開発費			
	・DX 推進に係る費用			
	4. 人的資源投資			
	・社員厚生費・給与改善			
	・マネジメント教育、リスキリング・キャリア開発の費用			
	5. 物的資源			
	・有形固定資産投資（新店舗開発費用、設備改修費用、土地購入など）			
	・無形固定資産投資（研究開発費、知財関連費、ソフトウェア投資など）			
	・投資他（投資有価証券、関係会社株式など）			
	・情報資産投資（デジタル技術の活用、サイバー対策費、システム投資など）			
	6. 資金			
	・資金調達（新株発行など）			
	・資金コスト（借入金の返済、借入金の利息支払いなど）			
	7. 生産性 ...1 ～ 6 のマネジメントの成果であるため費用発生は無し			
	[必要な利益]「損益分岐点売上高の視点」「条件としての利益の視点」から			
	1.MSC（A 案）から必要な「利益」			
	2.MSC（B 案）から必要な「利益」			

図 4-24　利益の目標とは何か（問 28）

問29 会社の価値創造に貢献しているか

相談者 **精密計測機器メーカー、カスタマーサポート（CS）部、課長**

当社は創業80年を迎えて、今ではグローバル企業に成長しました。前回の経営会議では「社会ニーズに応える製品提供とお客さまへのサポートを重視する価値創造企業を目指す」というビジョンが確認されました。上司と相談して進めていますが、CS部門としてはこのビジョンをどのように考え、実現すれば良いでしょうか？

筆者 会社の価値創造に貢献するCS部門の役割について、一緒に考えてみましょう。

解説1▼価値創造は知識労働者（テクノロジスト）の志が源泉

会社にとって、価値創造は利益創出と同義です。その源泉は、物的資源、資金、情報やAIなどデジタル技術でもなく、これらの経営資源を活用してより良い社会創りに貢献したいとの志を持った「人の知識労働」です。ドラッカーがいうように「マーケティング、イノベーション、生産性向上の結果、手にするもの」（問28）が価値であり、利益です。相談者の企業のビジョンが「社会ニーズに応える」という普遍的価値観（マネジメントゼロ）から始まっていることは、この点でとても大切なことです。現代はこのような価値創造の担い手が知識労働者として活躍しており、中でも医療・バイオ・環境・IT・各種専門技術者など高度な専門知識や技能を持つテクノロジスト[注1]が増加しています。より良い社会をつくるという志を持ち事業活動を担う知識労働者の仕事ぶりこそ、価値創造つまり利益創造の源泉なのです。相談者が所属するCS部は顧客情報とその声を他部署に比べて最も豊富に持っています。この強みを生かして全社的に働きかけ、価値創造に貢献することが期待されています。

解説2▼価値創造プロセスとは

価値創造を知るには、上場企業が発行している『統合報告書』（非上場は『年次報告書』など）を見るのが一番です。価値とは社会との共有価値であり、価値創造とは社会課題の解決のために事業活動に取り組むことを意味します。これを分かりやすく説明するため、各社は『統合報告書』の中で、「価値創造プロセス」などのチャート図を掲載しています。この内容はおおむね次の通りです。

- 価値創造をどのように考えているか（自社の価値創造ストーリーについて）
- 企業理念・価値観・経営ビジョン・経営戦略・社会との接点（事業の社会経済上の位置づけ）
- ビジネスモデル（強み、バリューチェーン、競争優位を生みだしている経営資源・無形資産など）
- 事業を支えている基幹業務プロセス
- 顧客との関係性
- 取引先との関係性
- 社会課題の解決への取り組み

・ＥＳＧの取り組み

などです。このチャート図から、非財務情報の骨格を示す価値観、事業の定義などＭＳＣの内容をある程度は読み取ることが可能です。しかし、当然ではありますが、明日から誰が何をするのかなど、具体的な内容は見えません。

解説3 ▼ 相互要求と貢献度を重視する

ミドルマネジャーは職場・チームとして価値を創造するため、独りよがりで事業活動をするのではなく「顧客によって事業は定義される」（『マネジメント』［上］p.99）ことを自覚する必要があります。自らの仕事の成果（モノや情報）の受け手の声（顧客の要求）に耳を傾け、その真意（顧客にとっての価値）を満足させるために職場やチームをマネジメントしなければ、価値創造、利益創造は困難になります。これを助けるツールとして筆者が開発したツールが、相互要求シートです。

（1） 相互要求シートの目的と内容

相互要求シートとは、他部署をより良くするための要求事項を互いに記載するシートのことです。このシートは最初に、会社の経営課題を1つ書きます。次に、仕事の担い手（部課、チーム名）を縦軸と横軸それぞれに書きマトリクス状のシートをつくります。シートの縦軸の部課から横軸のＡ部課のマス目に、Ａ部課が経営課題に貢献すべき建設的な要求事項を書きます。例えば、営業部とサポート部の交わったマス目の中には、営業部からサポート部へ「顧客満足度向上策についての提案をしてほしい」などを書きます。これを、すべての縦軸の部課から横軸の部課に対して行います。営業部と営業部が交わったマス目には、自部課（営業部）の改善課題を書きます。すべて書き終わると自部門の項目には、自らの部課が経営課題に貢献するために必要な要求事項が縦軸に沿って集まります。この要求事項をミドルマネジャーがマネジメントすることで、部課をまたがる業務プロセスを改革し、生産性と収益性を向上させ、価値創造（利益創造）が実現します。CS部は顧客の要求を取りまとめる立場として、このシートづくりや意見交換の場をリードすると良いと思います。

（2）相互要求シートの使い方と利益計画の役割変化

相互要求シートは、ミドルマネジャーが各部課やチームのMSCを全体最適の視点から作成する他、CFT（クロスファンクショナルチーム）のリーダーとして、部課の壁を越えて事業活動の生産性と収益性を向上させることで、価値創造プロセスの作成と実行を支援するツールです。

さらに、利益ポテンシャル分析[注2]の結果を示して各部課やチームの業務改善を促したり、年1回、価値創造への貢献度を5段階で評価し合ったりすることも、良いフィードバックにつながります。

健全な事業活動が健全な利益を創ります。品質や環境問題など社会的不祥事につながる事業活動をしていれば利益ポテンシャルは下がり、またアクルーアル分析[注3]により不正な利益は発覚すると心得るべきです。健全な事業活動に支えられた健全な利益計画を策定することが大切です。

より良い組織を創りより良い社会を実現する、そのようなマネジメントの担い手として職場やチームのリーダーが仕事をすれば、とても素晴らしい社会経済が実現するのではないでしょうか。

注1　テクノロジスト……『明日を支配するもの』「テクノロジストが鍵」(p.177-)の中で、「これまで、知識労働者は知識労働のみに携わるかのように述べてきた。しかし実際には、きわめて多くの知識労働者が、知識労働と肉体労働の両方を行う。そのような人たちを、特にテクノロジスト(高度技能者)と呼ぶ」と述べています。そのうえで、「これからは、先進国が競争力を維持していくための唯一の道がテクノロジストの教育訓練である」(同p.179)、「いかに肉体労働の部分が重要であり、時間がかかろうとも、知識労働者としての知識、責任、生産性を身につけさせることに焦点を合わせなければならない。」(同p.183)として、先進国のテクノロジストの働き方に期待をしていたのがドラッカーです。

注2　利益ポテンシャル……現金を稼ぐ力(営業キャッシュフローの増加)：CCC(現金循環日数)と利益(収益性)に注目した管理会計上の数字。売上原価利益率(営業利益／売上原価)×棚卸資産回転率(売上原価／棚卸資産)で表すことができます。

注3　アクルーアル分析……「利益の質」を見分ける経営分析の一つ。税引き後当期純利益-営業キャッシュフローで算出します。「質の高い利益」はこの比率はマイナスを示しますが、プラスが続く場合は、キャッシュフローの状態が悪化しているという意味で「利益の質が悪い」ということになります。

製造業の組織構造と業務モデル検討シートの例

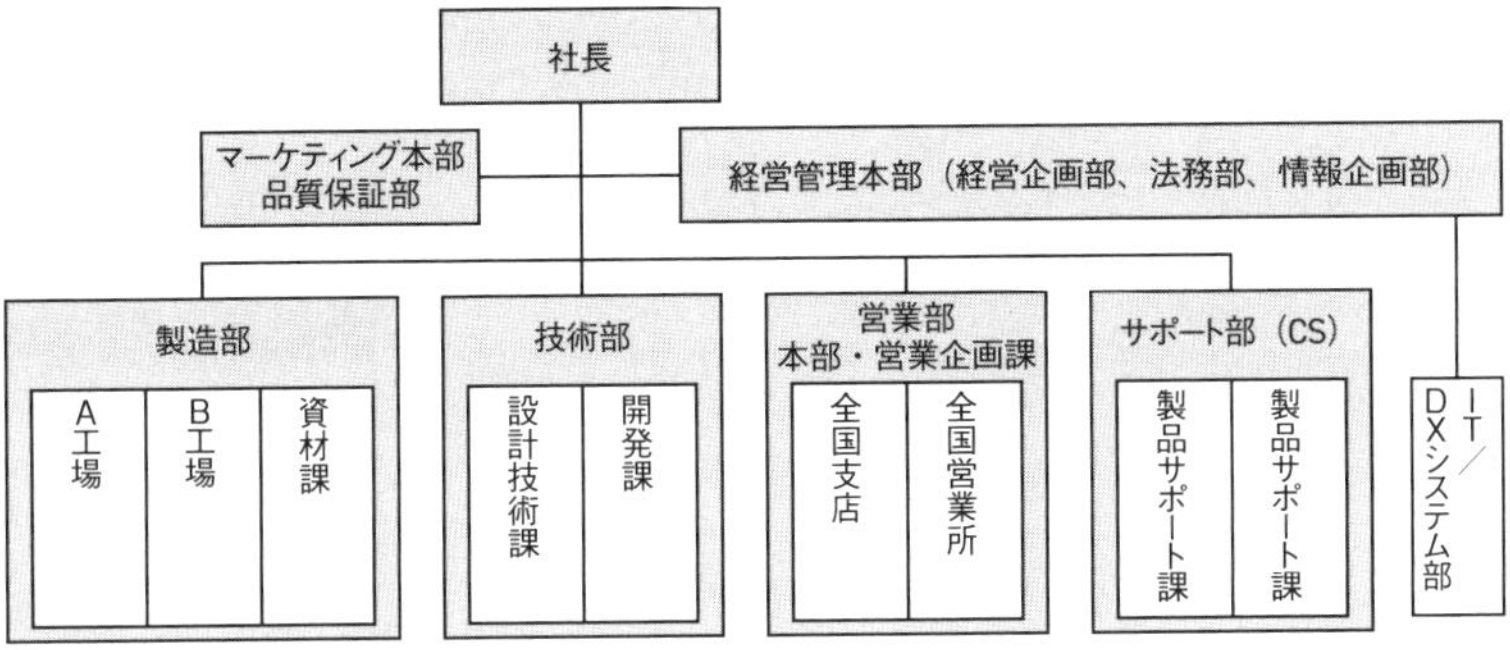

業務モデル検討シート（相互要求シート）　　精密計測機械メーカー

業務モデル検討シート		シート No.	チーム名 作成者	作成日
経営課題	顧客サポートの強化			
	営業部	技術部	サポート部（CS）	IT／DXシステム部
営業部	・営業能力の強化 貢献度（自己評価）	・技術情報の共有 貢献度［　］	・顧客満足度向上策についての提案 貢献度［　］	・顧客情報の分析システムの改善 貢献度［　］
技術部	・技術知識の習得 貢献度［　］	・営業同行の推進 貢献度（自己評価）	・製品知識の習得 貢献度［　］	・技術情報の分析システムの改善 貢献度［　］
サポート部（CS）	・顧客情報の共有 貢献度［　］	・顧客への同行 貢献度［　］	・サポート技術向上 貢献度（自己評価）	・サポート実績の分析システム構築 貢献度［　］
IT／DXシステム部	・営業システム活用 貢献度［　］	・技術情報のデータベースの構築 貢献度［　］	・モバイル活用の改善提案 貢献度［　］	・PM力の強化 ・CMM レベル 4 達成 貢献度（自己評価）

検討シートに基づき各部課やチームのMSCを作成する

↓

健全な利益計画（目標設定）を作成する

↓

より良い組織・より良い社会をつくる

図 4-25　会社の価値創造に貢献しているか（問 29）

第9節 ケース編

MSC実行計画（8つの重要領域目標）

第9節では、第3章で取り上げた2つのケースを使い、**MSC実行計画（8つの重要領域目標）**のつくり方について説明します。

職場やチームのマネジャーやリーダーが陥りやすいのが、知らないうちに1つの専門分野に閉じこもってしまうことです。ドラッカーが3人の石工の話で例えた「2番目の石工」の落とし穴です。自らの専門性や知識を最高のものと勘違いし、他の専門性に対して傲慢な態度をとっていることに気づかなくなってしまいます。こうした落とし穴にはまらないよう、マネジャーはMSC実行計画における8つの重要領域目標について意識的に関心を持ち、視野を広げる機会をもつことが大切なのです。

現代のミドルマネジャーは、多くの場合プレイングマネジャーであり、自らもいち担当者として第一線で作業をする知識労働者の1人です。筆者の体験からいえば、チームをマネジメントする仕事の多くは、１週間の中で数時間行えば、事足ります。マネジメントだけの仕事、いわゆる管理者として勤務時間の１００％専任するのではなく、効果的なマネジメントを数時間、それも勤務時間の中に分散して行うことで、十分な成果を出すことが可能です。そのためには、マネジメントの基本と原則を学びそのフレームワークとツールであるＭＳＣを使いこなすことです。

ケース１・新事業開発チーム

第３章で取り上げた産業機器メーカーによる新事業開発プロジェクトの「１・目的・ミッション」は、「途上国の人々に水と衛生へのアクセスを確保する新事業を開発する」ことでした。このチームの取り組みが成功するか否かは、顧客である途上国に住む人々にとっての価値（安全な水と衛生環境へのアクセス）を満たすことに貢献できるかにかかっています。具体的にどのような実行計画を策定すればよいか、考えてみましょう。

【１・社会性と顧客創造の目標】

このチームの「目的・ミッション」を実現するのに必要な、社会性と顧客創造の主な目標を次に挙げます。

＊【問６】顧客創造の目標とは何か……「安全な水と衛生にアクセスできた人々が増えた（顧客創

造できた）か」を測定する指標としては「安全な水と衛生環境を確保できた人数および満足度」があげられます。

＊**［問７］環境と品質の目標とは何か**……この領域での目標設定は、環境保護目標であるCO2排出量と有害物質の排出量がともに基準値を下回ることなどがあげられます。さらに、品質保証の目標としては、プロジェクト関係者の満足度、製品リコール数、クレーム数、品質理由の離反客数、情報およびセキュリティー事故の数などがあげられます。これらの目標は問8「社会的責任の目標」にも関係します。

＊**［問８］社会的責任の目標とは何か**……この問いに対する答えは、基本的にはチームが所属する会社の社会的責任の目標と同じになります。組織・チームは所属する会社のコンプライアンス（法令順守）の方針に従うことが求められます。このため主な目標は、会社が行っているコンプライアンス教育をチームの全員が受講することになります。特に「人権」に関する理解は大切です。

【２・マーケティングの目標】

このチームの「目的・ミッション」を実現するための主なマーケティングの目標を次に挙げます。

＊**集中の目標・市場地位の目標**……集中の目標は「途上国の人々に、安全・衛生な水を提供する」、市場地位の目標は、「このような社会貢献事業で世界No・1を目指す」になります。この目

標に沿って事業計画を策定します。

＊顧客分野の目標……顧客・市場ニーズ分析を行うこと、機器の利用者の満足度を高めることを目標とします。このため、顧客や地域にとっての経済的な負担が最小になるような事業計画を策定します。

＊市場と製品分野の目標……対象地域でのシェアＮｏ・１、製品機能においてＮｏ・１を目標とします。

＊流通チャネル分野の目標……プラント建設会社の流通チャネルとの提携を目標とします。

＊アフターサービス分野の目標……機器の運用と保守のためのフィールドサービス（現地対応）を定期的に実施することを目標とし、最初から事業計画に盛り込んでおきます。

【３・イノベーションの目標】

このチームの「目的・ミッション」を実現するための主なイノベーションの目標を次に挙げます。

＊新事業計画書の作成……次の内容の新事業計画書を作成します。

・解決すべき社会課題　・自社の強み　・新市場　・新商品・新サービス
・開発プロセス　・製造プロセスの改善案の作成　・新事業開発プロジェクトチーム
・開発スケジュール　・新事業ビジネスモデル　・システム構築
・開発予算　・リスクと対策

＊**新商品（コア商品）開発の目標**……次に主な工程を挙げます。
・市場と技術調査　・コンセプト作成とコンセプトテスト　・試作品製作とシステム開発
また、次の目標を設定することで、新事業開発を促進させることが可能です。
＊**イノベーションの組織文化づくり（問12・問13・問14・問15）**……新事業開発を促進する人事施策や、イノベーションの理解を教育する社員研修部門への提案の作成
＊**体系的廃棄の目標（問15［解説2］）**……廃棄対象とする市場・商品・サービスの選定
＊**市場関係の目標**……新市場開発（数、規模）、市場開発プロセスの改善案の作成
＊**バリューチェーンの目標**……流通チャネルの改善案の作成、生産拠点・調達業務改善案の作成
＊**顧客関係における目標**……顧客創造プロセスの改善案の作成、営業プロセスの改善案の作成
＊**デジタル活用における目標**……ＩＴ／ＤＸ部門との連携強化、新商品・新サービスのデジタル活用

【4・人的資源の目標】

このチームの「目的・ミッション」を実現するために、優先すべき人的資源の目標を次に挙げます。
＊**人材の多様性の目標**……多様な価値観と専門性をもつ人材、例えば次のような技術や技能に精通した技術者を集めることを目標とします。
・水質管理技術（濁度、ＢＯＤ／ＣＯＤ、微生物濃度など）

・化学処理技術（凝集剤、消毒剤など）　・バイオ浄化処理技術（バイオフィルター）
・機械工学　・プロセス制御技術　・環境規制及び法的知識　・安全衛生管理技術
・エネルギー管理技術　・AI技術者　・ロボット工学　・デザイナー　・クリエーター

＊**リーダーとプロマネ人材の育成目標**……経営者が直接チームの組成に関与し、有能なリーダーを据えることを目標とします。人材育成教育・マネジメント（MSC）教育の受講人数と成果を出した人数、専任の新事業開発リーダーと有能なプロジェクトマネジャーおよびプロジェクトコアチームの選定、チームメンバーからの信頼度の高さも目標となります。特にMSCの教育は必須です。

＊**プロジェクト組織文化の目標**……既存事業とは別の基準で人事評価されることを目標とします。プロジェクト憲章（目的・ミッションの明文化）や、プロジェクト運営指針の作成、イノベーションを支える特別の人事評価なども目標となります。

＊**組織の健全性、安全性及びウェルビーイングの目標**……調査、研究、試作品製作、製品化過程において、プロジェクトメンバーの心身の健康と安全が守られ、参加者が働きがいを感じられることも目標とします。

【5・物的資源の目標】

このチームの「目的・ミッション」を実現するために、優先すべき物的資源の目標を次に挙げます。

＊**財務情報からの目標**……新事業計画書で定めた物的資源について、有形固定資産（土地、建物、機械装置、器具備品など）、無形固定資産（特許権、著作権、商標権、ＡＩ含むソフトウェア開発費など知的財産）、投資その他の資産（業務提携先の株式取得など）の目標を設定します。

＊**非財務情報からの目標**……価値観、企業理念と経営のビジョン、社会課題と使命、長期戦略、ビジネスモデル、価値創造モデルなど『統合報告書』の内容をメンバーに周知する目標を設定します。

＊**情報資源からの目標**……無形固定資産として計上されにくい知的資産である情報資源（顧客・取引先・商品・強み・ナレッジ・卓越したプロセスなど）などにも目標を設定します。

【6・資金の目標】

このチームの「目的・ミッション」を実現するために、優先すべき資金の目標を次に挙げます。

＊**資金管理の基本的な目標**……新事業計画書で定めた新商品開発など初期投資額や投資資金の収益性（ＲＯＥ、ＲＯＡなど）、運転資金管理（ＣＣＣなど）、資金コスト（融資・借入、出資・投資などに伴う金利などのコスト）、ＩＴ・デジタル資金の目標を設定します。収益性については生産性の目標との調整が必要な場合があります。

＊**キャッシュフロー計算書の目標**……新事業計画書で定めたキャッシュフローについて、営業活動（売上債権と仕入債務の増減、未払金の増減など）、投資活動（有形及び無形固定資産の取得、投資有価

証券の取得など）、財務活動（短期や長期借入金の増加・返済など）に分けて目標を設定します。

【7・生産性の目標】

このチームの「目的・ミッション」を実現するために、優先すべき生産性の目標を次に挙げます。

＊**財務情報の目標**……新事業の初期投資額とその収益性および回収期間、総資本利益率、自己資本利益率、投資利益率、売上総利益率、営業利益率、限界利益率などの目標を設定します。

＊**生産性マインド教育の目標**……各チームメンバーの専門分野（水質、バイオなど）ごとに学びと実践を支援します。受講人数、成果をあげた人数と割合、などの目標を設定します。

＊**プロセスマネジメントの目標**……主要プロセスのレベル、設計時間および試作品製作プロセス時間の削減量、1人当たり売上高などの目標を設定します。

＊**ナレッジマネジメントの目標**……新事業開発の核になる新商品開発の生産性、AI活用率などの目標を設定します。コアコンピテンス（機構設計、構造設計、材料設計、要素設計、回路設計など）の数とその成果の数、ナレッジ（環境規制および法的知識、AI技術、ロボット工学など）の数と成果の数などです。

【8・利益の目標】

このチームの「目的・ミッション」を実現するために、必要な利益の目標を次に挙げます。

＊**損益分岐点売上高の目標**……新事業計画書に定めた損益分岐点売上高（問28）および関連する固定費、変動費、限界利益、限界利益率、安全余裕率などの目標を設定します。

＊**条件としての利益の目標**……新事業のＭＳＣの他の目標ごとに必要な未来費用を算出します。

＊**必要な利益の目標**……ＭＳＣの他の目標ごとの未来費用を合計して必要な利益目標を設定します。

8つの重要領域	目標／活動（CSF）と測定尺度	目標値	担当者	日程
1. 社会性・顧客創造	[問6] 顧客創造の目標：安全な水と衛生環境を確保できた人数・満足度			
	[問7] 環境と品質の目標とは何か：CO2排出量、有害物質の排出量			
	[問8] 社会的責任の目標とは何か：コンプライアンス教育の受講割合			
2. マーケティング	＊集中の目標と市場地位の目標：途上国への社会貢献事業（安全な水の提供）で世界No.1			
	＊顧客分野の目標：顧客満足度の向上、顧客と対象地域には経済的負担を軽くする			
	＊市場と製品分野の目標：対象地域にてシェアNo.1、製品機能No.1			
	＊流通チャネル分野の目標：プラント建設会社の流通チャネルとの提携			
	＊アフターサービス分野の目標：機器の定期的フィールドサービスの実施			
3. イノベーション	＊新事業計画書の作成：解決すべき社会課題、新商品・新サービス・新事業ビジネスモデル			
	＊コア商品開発の目標：コンセプト作成とコンセプトテスト、試作品製作とシステム開発			
	＊イノベーションの組織文化づくり：イノベーショを促進する社内提案			
	＊体系的廃棄の目標：廃棄対象とする市場・商品・サービスの選定			
	＊市場関係の目標：新市場開発（数、規模）、新市場開発プロセスの改善案の作成			
	＊バリューチェーンの目標：流通チャネルの改善案の作成			
	＊顧客関係における目標：顧客創造および営業プロセスの改善案の作成			
	＊デジタル活用における目標：IT/DX部門との連携強化、コア商品のデジタル活用の推進			
4. 人的資源	＊人材の多様性の目標：多様な価値観と専門性をもつ人材			
	・水質管理技術、化学処理技術、AI技術者など専門人材の人数			
	＊リーダー人材育成の目標：リーダー人材育成計画書、受講人数、成果を出した人数			
	・有能かつ信頼されるリーダーの人数と割合			
	・マネジメント（MSC）教育の必須化（受講人数、成果を出した人数）			
	＊プロマネ人材育成の目標：プロマネ人材育成計画書（期限、満足度）			
	・PM研修受講人数、成果を出した人数			
	＊プロジェクト組織文化の目標：（イノベーションを支える）特別の人事評価			
	＊組織の健全性、安全性及びウェルビーイングの目標：心身の健康と安全			
5. 物的資源	＊財務情報の目標：			
	・有形固定資産（土地、建物、機械装置、器具備品）			
	・無形固定資産（特許権、著作権、商標権、ソフトウェア開発費）			
	・投資その他の資産（業務提携先の株式取得など）			
	＊非財務情報の目標：価値観、企業理念と経営のビジョン、価値創造モデル			
	＊情報資源の目標：情報資源（顧客・取引先・商品・強み・ナレッジ、卓越したプロセスなど）			
6. 資金	＊資金管理の基本的な目標：運転資金（フリーキャッシュフローなど）			
	・CCC（現金循環日数）・融資借入・資金コスト			
	＊キャッシュフロー計算書の目標			
	・キャッシュフロー（営業活動・投資活動・財務活動）			
7. 生産性	＊財務情報の目標：初期投資額、収益性、投資回収期間、投資利益率			
	＊生産性マインド教育の目標：受講人数・割合、成果をあげた人数・割合			
	＊プロセスマネジメントの目標：設計時間及び試作品製作プロセス時間の削減			
	・主要プロセスのレベル　・一人当たり売上高・製品一台当たり受注期間			
	＊ナレッジマネジメントの目標：・新商品開発の生産性、AI活用率			
	・コアコンピテンス（機構設計、構造設計など）の数とその成果の数			
	・ナレッジ（環境規制及び法的知識、AI技術など）の数と成果の数			
8. 利益	＊損益分岐点売上高の目標：損益分岐点売上高、安全余裕率			
	・固定費、変動費、限界利益率			
	＊条件としての利益の目標：MSC（8つの重要領域目標）の未来費用の合計額			
	＊必要な利益の目標：必要な利益額			

図4-26　ケース1・新事業開発チームのMSC実行計画

ケース2・DX推進チーム

この全社的DX推進プロジェクトの「1・目的・ミッション」は、「基幹システムの刷新とデジタル人材の育成を通じ海外売上高の向上に貢献する」ことです。このチームの成功は、顧客（経営者・社員）にとっての価値である経営改革（基幹システム刷新も含めた事業構造の改革）、業務改革、DX人材育成、海外売上高の向上を実現できるかにかかっています。DXは1年や2年で終わるものではありません。DXの定義（第3章［ケース2］問5）にあるように、DXは1年や2年で終わるものではありません。

［1・社会性と顧客創造の目標］

＊［問6］ 顧客創造の目標とは何か

基幹システムの刷新は、全社員に影響を与えます。そこで、本プロジェクトに積極的に参画する社員の数と、チームメンバーの進め方に関する満足度の目標を設定します。また、業務改革は対象とした業務プロセスや部門と連携するプロセスや部署が必ず存在するので、関連部署の参画率と満足度の目標を設定するのも有効です。

＊［問7］ 環境と品質の目標とは何か

この問いの答えは、会社の「環境と品質の目標」に直接、貢献します。当チームの環境保護目標としては、省電力、グリーンデバイス[注1]の活用などグリーンＩＴ[注2]の推進があります。品質目標については、基幹業務の要件定義の満足度、プロジェクト推進の満足度、デジタルリテラシー教育の満足度などが有効な目標です。

＊［問8］社会的責任の目標とは何か

社会的責任の目標は、基本的には会社の目標に準じます。加えてこのプロジェクトに特有の目標として、ＤＸ連携した取引先の数や割合なども目標になり得ます。取引先を含めた社会全体のＤＸ推進は、企業の社会的責任といえるものだからです。

例えば、基幹業務の改革を進める中で、取引先の業務に変更を与えるシステム要件が発生することがあります。自社だけでＤＸを進めるのではなく、むしろ取引先とのデータ共有や業務プロセスのシームレスな連携もスコープ（範囲）に入れて業務改革に取り組むことで互いのＤＸを進めることになります。また、製品製造に係るＣＯ２排出量管理、製品出荷後の追跡管理、製品リコール管理、クレーム管理など、基幹システムを支える主要なサブシステムの再構築も目標になり得ます。

［2・マーケティングの目標］

ＤＸ推進チームに期待されている役割は、ＩＴ専門家と事業部門との橋渡し役やデジタルツールの利用促進役に終わるものではありません。基幹システムを刷新し、経営改革を実現するリーダーシップこそが求められている役割であり、強みです。

＊**集中の目標・市場地位の目標**……集中すべきは、基幹システム刷新とＤＸ人材育成です。そのための「ＤＸ戦略（ロードマップ、推進組織など）」を策定し、業界の中で経営改革Ｎｏ．１を目指します。

＊**顧客分野の目標**……既存基幹システムの満足度と次期システムの要件を絞り込むため、ＩＴユーザー満足度調査を行います。そのうえでＤＸ人材ニーズを明確にして、教育カリキュラムを作成します。

＊**市場と製品分野の目標**……顧客と市場をセグメントで分類し新製品開発に情報連携できること、また販売情報やフィールドサービスの実績データを分析できるシステムとすることも目標になり得ます。

【3・イノベーションの目標】

このチームの目的・ミッションを実現するために必要なイノベーションの目標の例を次に挙げます。人材育成計画も、イノベーションを促進する要素として取り上げます。

＊**ＤＸ戦略書作成**……目標は作成期限と内容の満足度です。主な内容は次の通りです。

・事業革新、基幹システムの刷新、デジタル人材の育成、セキュリティー体制、推進体制、推進日程

＊**基幹システム刷新計画書作成**……目標は作成期限と内容の満足度です。内容例は次の通り。

・現状と課題・新基幹システム、ユーザニーズ分析、ＡＩ、ＢＩ（ビジネスインテリジェンス）、ロボットなどデジタル技術活用、プロジェクトチーム、システム構築スケジュール、構築予算、リスクとその対策など。

＊デジタル人材育成計画書作成……目標は作成期限と内容の満足度です。内容例は次の通りです。

・現状と課題　・自社の目指す[注3]デジタル人材　・必要なマインドとスキルセット[注4]
・推進体制　・推進スケジュール　・予算　・リスクとその対策など。

＊イノベーションの組織文化づくり……経営層へのＤＸレクチャー、イノベーティブ人材の育成、人事施策について人事部門への提案、各部門への業務改革の提案と実行支援などが目標になります。

＊プロジェクトの運営の改革……会議の改革、アジャイル手法の導入なども目標です。

＊ＩＴ／ＤＸ部門の改革……プロ意識の徹底、組織成熟度レベル４以上（問25）を目標にします。

【４・人的資源の目標】

このチームの目的・ミッションを実現するために必要な人的資源領域の目標の例を次に挙げます。

＊人材の多様性の目標……多様な強みや専門性をもつメンバーが必要です。営業、生産管理、品質管理、資材管理、基幹システム運用課、システム開発部、ＤＸ推進部、システムパートナー、デザイナー、クリエーターなど専門分野の数と人数、またチームのコアメンバーのデジタル人

材（前述）の数などの目標を設定します。

***リーダーシップとプロマネ人材の育成の目標**……リーダーシップとプロマネ教育の受講者の数と成果を出した割合を目標にします。このプロジェクトへの経営幹部の参画も目標です。ＤＸ推進チームは社長直轄とし、本プロジェクトオーナーは生産管理部長、ＤＸ戦略策定は経営企画部長も協力します。またデジタル人材育成計画には、マネジメント（ＭＳＣ）教育も含むことや人材担当経営幹部も積極的に参画することとします。

***組織文化と組織構造の目標**……目指すべき各部門の人材像の明確化、社員満足度調査の実施、ＯＯＭＤ（Objectives、Organize、Motivate、Measurement、Develop）の実践、マネジメント・レターの実践、自己目標管理の定着などが目標となります。

***採用・異動・離職防止の目標**……ＩＴ／ＤＸ人材採用数、内部募集人数、離職防止人数などを目標とします。

***スキル及び能力の目標**……本プロジェクト活動でスキルアップした参加者の数と割合、得られた教訓を組織全体の知見として共有すること、マネジャーと一般社員の仕事ぶりの改善などが目標になります。

【5・物的資源の目標】

このチームの目的・ミッションを実現するために必要な物的資源領域の目標の例を次に挙げます。

＊財務情報から見た目標……生産管理システムの機器（固定資産）、構築費用（無形固定資産）、ソフトウェアライセンス料、リース取引の場合はファイナンスリースとオペレーティングリース料金が目標になります。

＊非財務情報から見た目標……プロジェクトチームの行動指針（価値観・ビジョン・真摯さを実践する具体的な行動の明文化）を定め、実行状況を評価すること、本プロジェクトのMSCの共有などが目標です。

＊情報資源の目標……DX人材情報、生産管理情報、品質管理情報、製品リコール情報などを、各部署の業務改革にどのように活用して、中長期的に経営改革を実現するのかというロードマップを作成すること、その達成状況をモニタリングする情報活用の推進なども目標となります。

【6・資金の目標】

このチームの目的・ミッションを実現するために必要な「資金」領域の目標の例を次に挙げます。

＊資金管理の基本目標……DX戦略、基幹システム刷新計画書、デジタル人材育成計画書の各予算が目標です。またシステム投資から得られる期待利益を生み出すROIも目標となります。

＊キャッシュフロー計算書から見た目標……システム開発費の支払い（投資活動によるキャッシュフロー）、DX教育やコンサルタントの外部委託費（営業活動によるキャッシュフロー、その他）、などが目標になります。

【7・生産性の目標】

このチームの目的・ミッションを実現するために必要な「生産性」領域の目標の例を次に挙げます。

＊**財務情報からみた生産性の目標**……基幹システムの導入に伴い会社のＲＯＥやＲＯＡなどの生産性を低下させないよう、加えて基幹システムのＲＯＩが目標になります。また、ＤＸ教育やコンサル費用の成果の有無などが目標になります。

＊**知識労働者の生産性マインド教育の目標**……ＩＴ／ＤＸ部門の研修受講人数と成果が出た人数、研修を受けた人材のうち成果をあげた人数と割合を目標とします。成果については、業務改革に貢献したかなどを、所属部署だけではなく他部署からの評価を基に評価します。

＊**プロセスマネジメントの生産性の目標**……システム構築の生産性を高めるため、会議時間や要件定義工数の短縮、課題・リスク管理の徹底、要素成果物満足度の向上、リスク対策会議の実施、主要プロセスのレベルを目標にします。

＊**ナレッジマネジメントの生産性の目標**……過去プロジェクトの教訓の共有、パッケージソフトに合わせた業務改革、カスタマイズ費用の見積もり、ＢＩツールやＡＩエージェントの活用、部署ごとのコアコンピテンスの数と活用率なども目標に有効です。

［8・利益の目標］

このプロジェクトチームは間接費の予算の枠内で運営されるため、このチーム自体が財務上の利益を生むことは普通ありません。ただ、余剰費を返納することはできます。あえて目標を設定するとすれば、システム構築の性格を考慮すると、予算額、消化率、変更回数などがあり得ます。

また、現実には難しいことでもありますが、例えば、今回のＤＸ投資に伴うシステム構築にかかわるコンサル費や外部委託費など初期投資と稼働後の3年分の保守サポートにかかわる運用費用を分母として、ＤＸ投資から得られる営業利益（期待利益）を分子とした場合の投資利益率が、会社全体の売上高営業利益率を高めることを目標にしたいところです。ＤＸ投資によって、損益分岐点売上高を下げ、安全余裕率を高める目標などが設定できないかを、ＣＩＯやＣＦＯと相談することも有効です。

注1　グリーンデバイス……環境配慮型の（電子部品や電子機器）のこと。例えば、省エネの青色発光ダイオード（ＬＥＤ）照明があげられます。

注2　グリーンＩＴ……地球環境への負荷を低減するＩＴ機器の製造、システム開発、ＩＴサービスの提供、廃棄、リサイクルなど、維持・循環型の経済にも貢献する考え方をいいます。

注3　デジタル人材……筆者は次のようにデジタル人材を定義しています。
・モード１：システム人材……基幹システムの開発、運用、ユーザー支援を担う

・モード2：デジタル人材……主にクラウドベースのアプリ開発、運用、ユーザー支援を行う

・モード3：事業構造改革人材……モード1、モード2人材の強みと専門性を統合してビジネス価値を生みだし、DXの目的である事業構造改革を推進する人材

デジタル人材の役割としては、CIO・CDO、CISO、CSIRT、SOC、クラウド技術者、AI技術者、データサイエンティスト、業務改革推進者、プロジェクトマネジャーなどの役割を担います。

注4

スキルセット……デジタル人材が持つべき主な知識とスキルについては次の通りです。

・COBIT、CMMI、ITIL、PMBOK、SBOK、ISO27001などのグローバルガイドラインやプラクティスの他に、業務改革スキル、AI技術、データサイエンス、ロボット工学、クラウドベースのアプリ開発技術、アジャイル開発技術、サイバーセキュリティー技術などがあげられます。

8つの重要領域	目標 / 活動（CSF）と測定尺度	目標値	担当	者日程
1. 社会性・顧客創造	[問6] 顧客創造の目標：プロジェクトに積極的に参画する人数・満足度			
	関連部署の積極的な参画率と満足度			
	[問7] 環境と品質の目標とは何か：グリーンデバイス、グリーンIT			
	基幹業務の要件定義の満足度、デジタルリテラシー教育の満足度			
	[問8] 社会的責任の目標とは何か：DX連携する取引先の数と割合			
	CO2排出量管理、製品出荷後の追跡管理、製品リコール管理、クレーム管理			
2. マーケティング	＊集中の目標：基幹システム刷新とDX人材育成			
	＊市場地位の目標：業界の中で経営改革No.1			
	＊顧客分野の目標：ITユーザー満足度調査（ユーザ満足度、ニーズ明確化）			
	＊市場と製品分野の目標：顧客・市場セグメント分析、新製品開発との情報連携、			
	当社の強み（販売方法、技術とフィールドサービス）を活かす新基幹システム			
3. イノベーション	＊DX戦略書の作成：セキュリティ強化、デジタル技術活用推進、期限と満足度			
	＊基幹システム刷新計画書作成：構築予算、構築体制、スケジュール、期限と満足度			
	AI・BI・ロボット等デジタル技術活用、リスクとその対策			
	＊デジタル人材育成計画書作成：作成期限と満足度			
	我が社の目指すデジタル人材、必要なマインドとスキルセット			
	＊イノベーションの組織文化づくり：イノベーティブ人材育成や人事施策の提案			
	経営層へのDXレクチャー、各部門に業務改革の提案と実行支援			
	＊プロジェクト運営の改革：会議改革、アジャイル開発の強みを取り入れる			
	＊IT/DX部門の改革：プロ意識の徹底、組織成熟度（CMM）レベル4以上			
4. 人的資源	＊人材の多様性の目標：多様な強みや専門性をもつメンバーの専門分野の数と人数			
	参加者の専門分野の数と人数、コアメンバー（モード1、2、3）の人数			
	＊リーダーシップとプロマネ人材の育成の目標：受講人数とプロマネ人数			
	マネジメント（MSC）教育の受講人数と成果をあげた人数と割合			
	＊組織文化と組織構造の目標：各部門の人材像の明確化、社員満足度調査、			
	OOMMDの実践、マネジメント・レターの実践、自己目標管理の定着			
	＊採用・異動・離職防止の目標：デジタル人材採用数、満足度、社内募集人数			
	＊スキル及び能力の目標：プロジェクトに参加してスキルアップした人数と割合			
	デジタル人材モデル作成、デジタルスキル標準作成、全社モード1、2、3の人数			
	プロジェクト教訓の共有、DXにより仕事ぶりと成果が改善した社員の割合			
5. 物的資源	＊財務情報から見た目標：生産管理システムの機器（有形固定資産）、			
	構築費用（無形固定資産）、ソフトウェアライセンス料、リース取引			
	＊非財務情報から見た目標：価値観、真摯さ、プロジェクト目的、MSCの共有			
	＊情報資源の目標：DX人材情報、生産管理情報、品質管理情報、製品リコール情報			
6. 資金	＊資金管理の基本目標：DX戦略、基幹システム刷新計画書、			
	デジタル人材育成計画書の各予算、システム投資のROI			
	＊キャッシュフロー計算書から見た目標：営業活動・投資活動によるキャッシュフロー			
	システム開発費の支払い、DX教育委託費、コンサルタント委託費			
7. 生産性	＊財務情報からみた生産性の目標：会社のROE・ROA、基幹システムのROI			
	＊知識労働者の生産性マインド教育の目標：			
	IT/DX部門の研修受講人数と成果が出た人数と割合、			
	＊プロセスマネジメントの生産性の目標：会議時間の短縮、要件定義工数の短縮、			
	課題・リスク管理の徹底、要素成果物の満足度の向上、リスク対策会議の実施			
	＊ナレッジマネジメントの生産性の目標：過去プロジェクトの教訓の共有、			
	パッケージソフトに合わせる、BIツールやAIエージェントの活用			
8. 利益	＊DX推進予算の目標：予算額、予算消化率、予算返納額			
	変動費、固定費、限界利益率、損益分岐点売上高、安全余裕率、必要利益の算出			

図4-27　ケース2・DX推進チームのMSC実行計画

第10節

使い方編

ＭＳＣ実行計画（８つの重要領域目標）

第9節では2つのケースを基にＭＳＣ実行計画のつくりかたを説明しましたが、実行計画は「つくって終わり」ではありません。計画を実践して成果を出すことに価値があります。第10節ではＭＳＣ実行計画の使い方について、ケース１「新事業開発チーム」を例に説明します。

マネジャーやリーダーは計画を実践することで、職場やチームの成果を出すとともに、自らを成長させ、より良い組織づくりに貢献できます。計画の実行に当たっては、設定した個々の目標をノルマのように扱い、目的とミッションを形骸化するようなことがあってはなりません。目的とミッションを皆で共有することは、職場やチームの意志と資源を結集することであり、目標を設定することは、一人ひとりの強みを発揮するべき方向と努力のバランスをとる目安になるものです。ＭＳＣは、普遍的価値観に裏付けられた目的とミッションを実現したいとの志を持つミドルマネジャーを支援するツールです。特に、ＭＳＣの大きな特徴であり強みとして、活動予算と実績情報という財務情報だけではなく、経営理念・組織や人的資源などの非財務情報も含めて体系的にフィードバックすることで継続的な改善を促すことができます。さらに、職場やチームのリーダーとして自らの成長を見直す機会にもつながります。

この章では、MSC実行計画を実践するうえで押さえておくべき基本知識と、MSCの目標欄の使い方について、次の内容の中で説明します。

【解説1】 目標の種類と設定の仕方
【解説2】 モニタリングとコントロール
【解説3】 定期評価とフィードバック

解説1 ▼ 目標の種類と設定の仕方

MSCにおける目標とは「目的実現のために解決すべき課題・成果」のことであり、職場やチームがその達成のために努力を尽くすという約束と責任を意味します。目標は、職場やチームのモチベーションとして共有されて初めて意味を持ちます。

目標はその種類に応じて、他の人と共有しやすい表現を使って設定することが大切です。[注1]

＊**活動の目標**……成果を生むために集中すべき課題や活動のこと。CSFともいいます。

＊**成果の目標**……財務情報など定量的なものと、顧客満足度のような定性的なものがあり、最終

的な成果をKGI[注2]といいます。これに加え計画書・設計書などのコンテンツや情報を成果として定義する考え方や成果をアウトプットとアウトカム[注3]とに分ける考え方もあります。

＊**定量的な目標**……数量的に計測できるもの。人数、回数、金額、割合などです。

＊**定性的な目標**……人の能力など主観的なもの。あらかじめ、質に対する数量的な言い換えを定義しておきます。人材育成計画や顧客の満足度、有能な人材、プロマネ人材、成果を出した人などに使います。例えば顧客満足度は、5段階で評価するというようにあらかじめ決めておきます。

＊**開始日・期限の目標**……期待されている仕事の開始日と期限（納期、締切、開催日など）です。

＊**日程の目標**……作業工程が重要である場合は、視覚的に分かりやすくするために「〇順調、△注意、×遅延」などの記号や、「緑、黄、赤」のような信号色で表すほか、ガントチャート[注4]がよく用いられます。

ケース1の新事業開発チームのMSC実行計画にある「3・イノベーション」と「4・人的資源」の領域の中から、いくつかの目標を例に説明します。説明は分かりやすさを優先し、実際の場面より簡略化した表のスタイルを用いて説明します。

目標設定

＊活動の目標
3. イノベーション領域から「新商品（コア商品）開発」を目標とする
4. 人的資源の領域から「プロマネ人材の育成」を目標とする

＊成果の目標と日程
・日程... ガントチャートで予定を上段に、実績を下段に表示する
・計画書の満足度... 関係者に5段階評価でアンケートし、回答を集計
・受講人数... 育成計画に組まれている主研修の受講者人数
・成果を出した人数... 受講後6ヶ月経過後に上司の評価を基に算出

[注] 上記いずれの活動目標も、より詳細なプロジェクトスケジュール表を作成することで、モニタリングとコントロールをきめ細かく行うことが可能となります。

目標設定時：[ケース1] 新事業開発チームの実行計画より（△△年9月作成）

作成年月　△△年9月

					日程(半期単位)						
	目標/活動(CSF)と測定尺度	予実	目標値	担当者	開始日	期限	○○年3月	○○年9月	□□年3月	□□年9月	◇◇年3月
3.イノベーション	＊コア商品開発 の目標:										
	1.市場と技術調査	予定	100%	佐々木	△△年10月	○○年3月					
		実績									
	2.コンセプト作成とコンセプトテスト	予定	100%	田中	○○年4月	○○年9月					
		実績									
	3.試作品製作とシステム開発	予定	100%	田中	○○年10月	□□年3月					
		実績									

※プロジェクト予算管理は、資金管理の領域で管理します。

作成年月　△△年9月

					日程(半期単位)						
	目標/活動(CSF)と測定尺度	予実	目標値	担当者	開始日	期限	○○年3月	○○年9月	□□年3月	□□年9月	◇◇年3月
4.人的資源	＊プロマネ人材の育成目標:										
	1.プロマネ人材育成計画書作成	予定	100%	岡崎	△△年10月	○○年3月					
		実績									
	・プロマネ人材育成計画書の満足度	予定	4.5	鈴木	○○年4月	○○年4月		■			
		実績									
	・PM研修受講人数	予定	100人	岡崎	○○年4月	○○年9月					
		実績									
	・成果を出した人数	予定	70人	鈴木	○○年10月	□□年3月					
		実績									

※本ページの説明は分かりやすさを優先し、実際の場面より簡略化した表のスタイルを用いている

図4-28　目標の種類と設定（ケース1・新事業開発チームを例に）

解説2▼モニタリングとコントロール

チームの仕事の進捗を知るには、担当者がが書く（「作業報告システム」などに入力する）「進捗報告書」や定例会などから、目標の達成状況をモニタリング（監視）します。放っておくと成果目標を達成しないと懸念される場合には、プロジェクトに介入して、活動の方向性や資源の投入のバランスを見直すなどのコントロール（統制）を行います。次々ページのケース1の図は、開始から8カ月後の状態を見たときのものです。

（1）イノベーションの領域……本チームの最重要の活動目標であるコア商品開発をとりあげます。

1．市場と技術調査……図を見ると予定より1カ月遅れて終了していますので、調査結果と遅れの原因を分析し、他の作業に影響が出ないかを検討します。リスク要因はリスク管理表に記載します。

2．コンセプト作成とコンセプトテスト……予定より1カ月遅れた原因を分析し、対策をとります。

3．試作品製作とシステム開発……当初の予定通りに試作品製作とシステム開発を開始するための準備が順調かを調べておきます。あるいは、どの程度の遅延で開始できるかを検討します。

（2）人的資源の領域……本チームの主要な活動であるプロマネ人材育成の取り組みです。

・プロマネ人材育成計画書作成……本プロジェクトはプロマネ人材の育成も行います。

・プロマネ人材育成計画書の満足度……計画書を作成したメンバーと関係者に、内容の妥当性についてアンケートをとったところ、目標4.5に対して4.1でした。原因を分析し改善します。
・PM研修受講人数……予定より1カ月早く開始し、現時点で目標100人に対して40人の実績です。人材育成は、「成果を出した人数」で成否が決まるので、修了者へのフォローが大切です。
・成果を出した人数……所属部署やチームの上長は、修了者が成果を出せるよう、学んだことを実践する機会の提供や、OJTを行う準備などをしておくように働きかける必要があります。

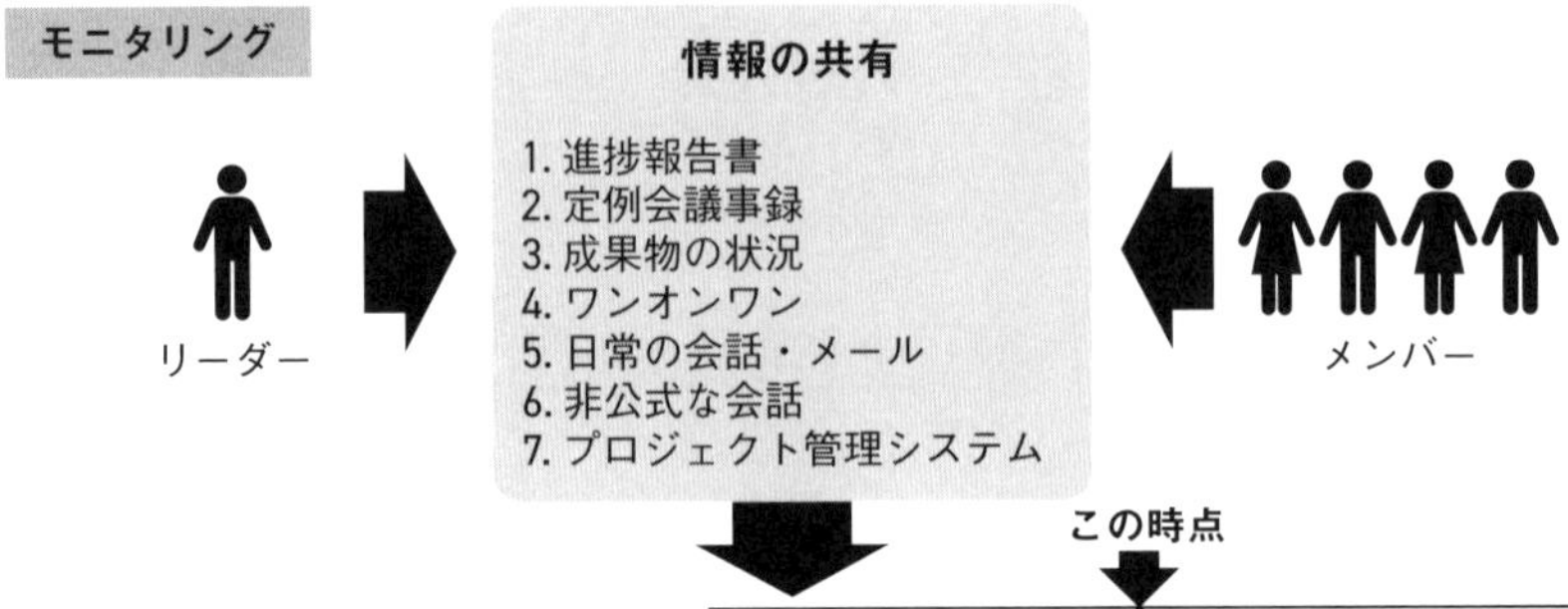

作成年月　〇〇年5月

	目標/活動(CSF)と測定尺度	予実	目標値	担当者	開始日	期限	日程(半期単位) 〇〇年3月	〇〇年9月	□□年3月	□□年9月	◇◇年3月
3.イノベーション	*コア商品開発 の目標:										
	1.市場と技術調査	予定	±0	佐々木	△△年10月	〇〇年3月					
		実績	+1ヶ月	佐々木	△△年12月	〇〇年4月					
	2.コンセプト作成とコンセプトテスト	予定	±0	田中	〇〇年4月	〇〇年9月					
		実績	+1ヶ月	田中	〇〇年5月	予9月					
	3.試作品製作とシステム開発	予定	100%	田中	〇〇年10月	□□年3月					
		実績									

作成年月　〇〇年5月

	目標/活動(CSF)と測定尺度	予実	目標値	担当者	開始日	期限	日程(半期単位) 〇〇年3月	〇〇年9月	□□年3月	□□年9月	◇◇年3月
4.人的資源	*プロマネ人材の育成目標:										
	1.プロマネ人材育成計画書作成	予定	±0	岡崎	△△年10月	〇〇年3月					
		実績	±0	岡崎	△△年10月	〇〇年3月					
	・プロマネ人材育成計画書の満足度	予定	4.5	鈴木	〇〇年4月	〇〇年4月		■			
		実績	4.1	鈴木	〇〇年4月	〇〇年5月		■			
	・PM研修受講人数	予定	100人	岡崎	〇〇年4月	〇〇年9月					
		実績	40人	岡崎	〇〇年3月	〇〇年8月					
	・成果を出した人数	予定	70人	鈴木	〇〇年10月	□□年3月					
		実績									

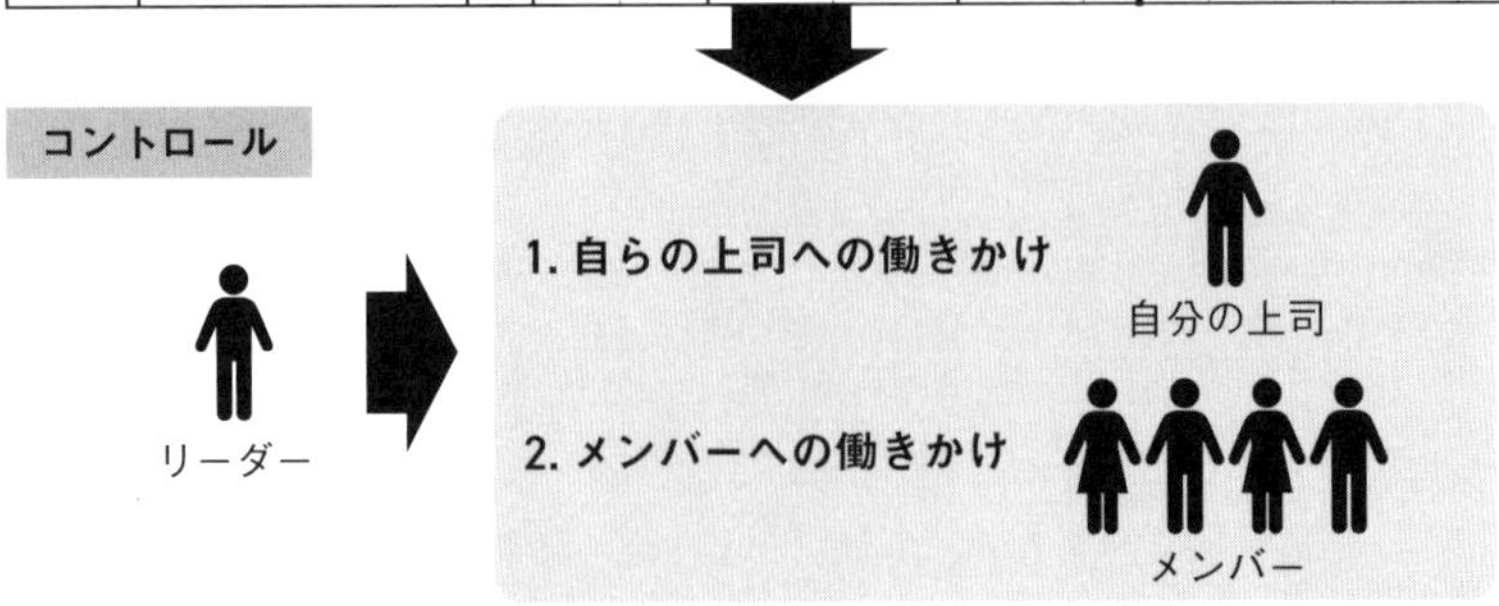

※本ページの説明は分かりやすさを優先し、実際の場面より簡略化した表のスタイルを用いている

図4-29　モニタリングとコントロール（ケース1・新事業開発チームを例に）

解説3 ▼ 定期評価とフィードバック

事業活動では、四半期や半期など定期的に業績評価が行われます。併せてMSCの全ての活動目標（CSF）について、現在の状況を測定・評価し、その結果を活動の継続的な改善にフィードバックします。活動予算と実績データは財務情報から抽出し、MSCに反映します。このように、財務情報と非財務情報を定期的・体系的にフィードバックすることで、職場やチームの目的とミッションの実現可能性を高めます。

（1）イノベーションの領域……この領域の評価はほぼ順調であり、問題はなさそうです。「1・市場と技術調査」の後、1カ月遅れで「2・コンセプト作成とコンセプトテスト」を開始しましたが、予定通り終了しました。「3・試作品製作とシステム開発」も予定通り進みそうです。

（2）人的資源の領域……この領域の評価は、ほぼ良好です。必要なフィードバックは次の通りです。

・**プロマネ人材育成計画書の満足度**……目標4.5に対して4月は4.1、その後、改善し5月には4.5の目標に達しました。このケースにおける相談者のマネジメントが成果を生んだものと思います。

・**プロマネ研修受講人数**……予定より1カ月早く目標の100人に達するという優れた成果が出ています。

・**成果を出した人数**……所属部署やチームの上長がプロマネ研修修了者を評価するもので、研修内容を仕事で活用して以前より良い成果を出した人数です。受講者への積極的な働きかけをしたためか、1カ月早く目標を達成でき、結果として1カ月早く終了する見込みです。プロマネ研修の前後のフォローアップ、修了者が成果を出せる機会の提供、OJTプログラムの立ち上げなど、ミドルマネジャーの活動は高い評価が与えられることでしょう。このような「時間的な余裕」をプラスのリスクといいます。プラスのリスクには、能力、仕事量にも生み出すことが可能であり、余裕があるほど目標を達成する可能性が高まることになります。

注1　CSF……Critical Success Factor（重要成功要因）のこと。この活動の達成目標である最終成果を定めた指標がKGIです。

注2　KGI……Key Goal Indicatorのこと。（重要成果指標）のこと。このKGIの成否をある程度予測することが可能な先行指標としては、KPI（Key Performance Indicator：重要業績指標）があります。共に、目標達成の状況をモニタリングする測定指標です。

注3　アウトカム……顧客に商品を提供することはアウトプットという成果ですが、顧客がその商品を購入したことや購入した商品から得られた便益で満足したことは、アウトカムという成果です。

注4　ガントチャート……1910年代にヘンリー・ガント（Henry Gantt）が考案したプロジェクトの工程管理で用いられる視覚的な表現のこと。予定日程を表すバー（線や矢印）の下に実績日程の線を引くことで、予定日程に対する進捗が把握しやすくなるという利点があります。

モニタリングとコントロール

この時点

作成年月　○○年9月

	目標/活動(CSF)と測定尺度	予実	目標値	担当者	開始日	期限	日程　(半期単位) ○○年3月	○○年9月	□□年3月	□□年9月	◇◇年3月
3.イノベーション	＊コア商品開発 の目標:										
	1.市場と技術調査	予定	±0	佐々木	△△年10月	○○年3月					
		実績	+1ヶ月	佐々木	△△年12月	○○年4月					
	2.コンセプト作成とコンセプトテスト	予定	±0	田中	○○年4月	○○年9月					
		実績	±0	田中	○○年5月	○○年9月					
	3.試作品製作とシステム開発	予定	100%	田中	○○年10月	□□年3月					
		実績	予100%	田中	予10月	予3月					

作成年月　○○年9月

	目標/活動(CSF)と測定尺度	予実	目標値	担当者	開始日	期限	日程　(半期単位) ○○年3月	○○年9月	□□年3月	□□年9月	◇◇年3月
4.人的資源	＊プロマネ人材の育成目標:										
	1.プロマネ人材育成計画書作成	予定	±0	岡崎	△△年10月	○○年3月					
		実績	±0	岡崎	△△年10月	○○年3月					
	・プロマネ人材育成計画書の満足度	予定	4.5	鈴木	○○年4月	○○年4月		■			
		実績	4.5	鈴木	○○年4月	○○年5月		■			
	・PM研修受講人数	予定	100人	岡崎	○○年4月	○○年9月					
		実績	100人	岡崎	○○年3月	○○年8月					
	・成果を出した人数	予定	70人	鈴木	○○年10月	□□年3月					
		実績	20人	鈴木	○○年9月	予2月					

評　価

（1）イノベーションの領域……この領域の評価はほぼ順調であり問題はなさそうです。
「3.試作品製作とシステム開発」も予定通り進みそうです。

（2）人的資源の領域……この領域の評価は、ほぼ良好。フィードバックは、次の通りです。
・プロマネ人材育成計画書の満足度……改善し５月には4.5の目標に達しました。
相談者のマネジメントが成果を生んだものと思います。
・ＰＭ研修受講人数……予定より１カ月早く目標の100人に達し、優れた成果です。
・成果を出した人数……受講者への積極的な働きかけが１カ月早く経過目標「20人」を達成し、１カ月早く終了する見込みです。ＰＭ研修の前後のフォローアップ、修了者が成果を出せる機会の提供、ＯＪＴの実施などのミドルマネジメントの活動を高く評価します。

フィードバック

例示した活動目標は、今のところはほぼ順調ですが、今後もこの状況を維持するためには、下記の活動が有効です。

1. チームの積極的な活動目標の遂行
2. 関係者への働きかけの強化
3. プロマネ人材の継続したフォローアップ活動

※本ページの説明は分かりやすさを優先し、実際の場面より簡略化した表のスタイルを用いている

図4-30　定期評価とフィードバック（ケース１・新事業開発チームを例に）

おわりに

ドラッカーはかつて「マネジメントは大昔から、いたるところにあった。私はよく、最も優れた経営者、あるいは最も偉大な経営者は誰かと聞かれる。それに対して私は、四〇〇〇年前に初めてピラミッドを構想し、設計し、建設した人であると答えている。」（『ポスト資本主義社会』p.58）と語っていました。

筆者は、この言葉には隠れた3つの意味があると思っています。1つは、経営者（executive）は誰かと聞かれたのに対して、ピラミッドを構想し、設計し、建設した「人」と答えている点です。その当時の王様がその人であるとは思えません。天文・土木・建設・石工・運送・現場監督など、多くの専門職と人の働きをまとめた**チームリーダーたちが優れた偉大なマネジメントの「人」だという意味と解釈しています**。2つめは、国家的な成果物（ピラミッド）を、長期間かけて多数の人々が一致団結してつくりあげたこと。3つめは、4000年間も変わらない（普遍的）価値を現代にまで遺しているという点です。

現代の日本を振り返って

この話を踏まえて、筆者は**日本の新しいマネジメントスタイルが必要だ**と考えています。

ちょうど、この原稿を執筆中に、ノーベル賞のニュースが飛び込んできました。2024年のノーベル平和賞の授与式が12月10日ノルウェーのオスロで開かれ、日本原水爆被害者団体協議会が受賞しました。

わが国は約79年前、不幸な歴史を刻みました。それから国民が一つになって戦後復興がなされ、高度成長期を経て１９８０年代には「ジャパン・アズ・ナンバーワン」といわれ経済大国にまで発展し、１９９０年前後のバブル崩壊まで続きました。バブル崩壊以後は失われた30年と揶揄《やゆ》されるほど経済の停滞は続いています。労働生産性の国際比較では、いつも先進国の中でも後塵《こうじん》を拝している状態が続いています。

この原因については、有識者が多くを語っていますので私から詳細を話すことはありません。ただドラッカーとマネジメントの研究者・実践者の私には、日本がうまく機能していない原因のうちの大きなものの一つは、「はじめに」で述べたようにマネジメントが機能していないことにあるとみています。

ドラッカーが書いた処方箋

人類共通の社会課題は、ＳＤＧｓがあげるように大きな課題だけでも17あるのです。国際社会は、この課題の解決のために取り組んでいます。企業などの営利組織、大学、学校、病院など非営利組織、政府機関、その他の非営利の社会セクターもそれぞれの事業に関係するＳＤＧｓの課題に取り組んでいます。いずれも、マネジメント無しでは取り組みすらできないものばかりです。

ＳＤＧｓがいう課題は、ドラッカーの『現代の経営』の時代から、環境問題や貧富の差のように問題提起されていたものも少なくありません。ドラッカーのマネジメントは、健全な仕事、健全な組織、健全な社会を創る推進力です。その担い手は、私たち一人ひとりなのです。

ドラッカーが説いた社会課題解決の処方箋は、マネジング・ワンセルフであり、「正しい問いを自らに問いかける」ことです。私たち一人ひとりが自己流ではない普遍的価値を基にしたマネジメントを学び、それを実践するための「問いかけ」であり、正しいフィードバックを習慣にする問いかけです。ＭＳＣにある正しい問いの答えを実践することによって、自らの仕事と職場やチームの仕事が健全なものになります。

自らを正しくマネジメントすれば、自らの正しい強みに気づき自らを成長させ、自らの強みをもって健全な組織・社会をつくることに貢献できるのです。

マネジング・ワンセルフのもう一つの方法

ここで種明かしをしましょう。マネジング・ワンセルフのもう一つの方法は、鏡（ミラー）に映った自分の姿を見ることです。ドラッカーは『明日を支配するもの』の中で、ミラーテストについて、「倫理の問題とは、朝、髭を剃るとき、あるいは口紅をぬるとき、どのような顔をみたいかというだけの問題である。倫理とは基本的な価値観である。」と説明しています。

ＭＳＣではこれを普遍的な価値の一つとして、完全性・共通善と合わせて「３つの普遍的価値」

と定義しました。MSCは、このミラーです。ミラーテストを習慣にすることは正しいフィードバック（問2）を継続することを意味します。自らの価値観を私的な段階から公的・公益を越えて、普遍的価値観にまで自己研鑽が求められます。

MSCは職場やチームの健全性を映すミラー

第1章では、MSCは、マネジメントの点数表（スコア）、オーケストラの楽譜（スコア）であると同時に、健康診断ツールであることを説明しました。そこで、本書で学んだMSCを使って、自らのマネジメントの点数を出すと同時に健康診断をしてみましょう。これをセルフアセスメント（自己評価）といいます。まさに、マネジング・ワンセルフの実践です。

次ページの「MSCアセスメント（健康診断）シート」は、本書で学んだ30の問いに5段階で答えるだけで、150点満点で何点かによって自らの現在位置を知ることに主眼をおいています。まさに、自分の姿をミラーに映した状態です。ここから、さらにどう自分を成長させたら良いのか、組織に貢献する職場やチームの成果を上げるにはどのようにしたら良いのか、事業の来期の計画づくりのきっかけに活用していただければ幸いです。

短期的に満点を取ろうとするのではなく、今後3年間でランクを3以上にするべき「問い」はどれかを決めて、着実により良い組織を目指してほしいと思います。

MSC セルフアセスメント（健康診断）シート

※問いに対する答え方……問 0~ 問 29 に下記のランクで答えて下さい。

＜ランクの説明（該当するランク欄に◯印をつける）＞
1. ほとんど知識がない
2. 知っているが実践していない
3. 少し実践（着手）しており、成果も出始めている
4. ほぼ実践している、システムとして機能し成果も出ている
5. 最適な状態で機能している

MSC 基本書式によるセルフアセスメント（健康診断）にチャレンジしよう！

基本計画		確認事項（これは尊重してください）	他にあれば自由記入（例）				
	マネジメント 0（ゼロ）	普遍的価値観（完全性・共通善・倫理）	誠実さ				
		信条（真摯さ・利他の心・貢献人）	挑戦				
	問いの種類	問　い ※答えは右の回答欄の該当ランク欄に◯印を付ける	答え（低 :1 → 5: 高）				
			1	2	3	4	5
	事業の定義と5 つの重要な質問	［問 0］ 事業の定義は何か（マネジメント 0 に相当する）					
		［問 1］ 目的・ミッションは何か					
		［問 2］ 顧客は誰か					
		［問 3］ 顧客にとっての価値は何か			○		
		［問 4］ 我々の成果（と測定指標）は何か					
		［問 5］ 我々の活動計画は何か					
実行計画	8 つの重要領域目標	問　い	1	2	3	4	5
	1. 社会性・顧客創造	［問 6］ 顧客創造の目標とは何か					
		［問 7］ 環境と品質の目標とは何か					
		［問 8］ 社会的責任の目標とは何か			○		
	2. マーケティング	［問 9］ マーケティングとは何か					
		［問 10］ 顧客創造プロセスが機能しているか					
		［問 11］ マーケティングの目標とは何か					
	3. イノベーション	［問 12］ イノベーションとは何か					
		［問 13］ イノベーションを生み出す組織文化があるか					
		［問 14］ 新商品・新サービス開発プロセスが機能しているか					
		［問 15］ イノベーションの目標とは何か		○			
	4. 人的資源	［問 16］ 社員を成長させる基本と原則は何か					
		［問 17］ 人をマネジメントする基本と原則は何か					
		［問 18］ 自己目標管理は機能しているか					
		［問 19］ 人的資源の目標とは何か			○		
	5. 物的資源	［問 20］ 物的資源の目標とは何か					
		［問 21］ 情報資源をマネジメントしているか					
	6. 資金	［問 22］ 資金の目標とは何か		○			
		［問 23］ 健全なキャッシュフローを維持しているか					
	7. 生産性	［問 24］ 生産性とは何か			○		
		［問 25］ プロセスマネジメントは機能しているか					
		［問 26］ ナレッジマネジメントは機能しているか		○			
		［問 27］ 生産性の目標とは何か					
	8. 利益	［問 28］ 利益の目標とは何か					
		［問 29］ 会社の価値創造に貢献しているか					
	評価（%）＝小計÷満点（150）	小計：右の欄の合計を書く。例）2 ランク× 3 個 +3 ランク× 4 個 =18		3	4		
		評価（%）=18 ÷ 150（満点 :5 × 30）=12%					

出所：『現代の経営』『マネジメント』『明日を支配するもの』などを参考に筆者が作成した

図 5-1　MSCセルフアセスメント（健康診断）シート

日本の新しいマネジメントスタイルを求めて

グローバル化が進んだ現代は、仕事の成果において世界のリーダー的なエクセレンス（卓越性）を求められる時代です。これには、営利組織か非営利組織かの違いはありません。本書をきっかけに、ご自身の所属している組織の事業ビジョン（あるべき姿、ありたい姿）を、ＭＳＣのフレームワークを使い、より良いものにしてほしいと思います。ご自身の職場やチームのＭＳＣを継続的に改善するとともに、改善行動につなげ、より良い成果を積みあげることが大切です。本書に出合ったこの機会に、事業の基本計画と実行計画を改めて見直していただけたら、筆者として望外の喜びです。

世界共通の社会課題は、ＳＤＧｓでは17の目標ですが、現在未解決のものが多いことも事実です。「誰一人取り残さない」とのインクルーシブなミッションステートメントは、どの組織にとっても関係するものです。事業の定義、目的・ミッションを考えるときには、必ず普遍的な価値に立ち返った上で、ＳＤＧｓ、ＩＳＯ２６０００などの社会的責任に関する世界的な課題について、焦点を合わせることがエクセレンスを生み出す事業体・組織へと変革し成長する第一歩です。読者ご自身も、そのような変革と成長を目指す組織のミドルマネジャーとして、共に成長できる機会に挑戦してほしいと思います。他者のせいにして、簡単に諦めてはいけません。

ドラッカーは名著『マネジメント』を、社会経済のイノベーションの処方箋として著しました。それは、次の言葉に色濃く表れていると筆者は思います。「したがって、人類の三分の一を一世紀の間に豊かにした同じ力が、残りの三分の二をさらに短期間で豊かにできるはずである。少なくとも急速な発展を可能にするはずである。」（『マネジメント』［上］p.357］）との言葉です。

今日の社会経済の課題を完全に解決するとまではいかなくても、緩和させるような取り組みを進め、社会経済のイノベーションを進めるため、今こそ「新しい日本のマネジメントスタイル」を自ら生み出すことが求められています。今後30年かけてより良い世界の社会経済づくりに、我が国が貢献できれば素晴らしいことです。ドラッカーのマネジメント（ＭＳＣ）を学べば間に合います。

謝辞

本書は、尊敬する４人の先人がいなかったら生まれていませんでした。すでに故人の３名の先生方、野田一夫先生、上田惇生先生、藤島秀記先生には、生前に多くの教えとご指導を授かりました。また坂本和一先生には、お仕事をご一緒させていただき大変お世話になりました。この場を借りて心より御礼申し上げます。筆者のＭＳＣへの研究心と実践の支えは、第一に19年前にドラッカー「マネジメント」研究会の立ち上げのときに、真っ先に発起人の一人になっていただいた伊藤年一氏はじめ同研究会の総合企画運営委員・ＭＳＣナビゲーター・会員の皆さまの熱心な学習姿勢と実践意欲からなるコミュニティーの信頼基盤です。

著者

森岡 謙仁（もりおか・けんじ）

経営・ものづくり・DXアドバイザー

アーステミア（有）代表取締役社長

精密機械メーカーの品質管理部門、独立系コンピュータディーラーの取締役を経て、1992年より現職。現役のCIO・CDOを支えるとともに、全社業務改革とデジタルガバナンスの構築、DX推進の助言・指導、IT／DX部門の若手人材や中堅社員、経営幹部の育成に活躍中。「CIO養成講座」講師（2009年より現在まで日経BP・日経クロステック主催、2003～2008年は日経ビジネス スクール主催）。

ドラッカーに学ぶ！ 管理職 養成講座

2025年1月27日 第1版第1刷発行

著　者　森岡 謙仁
発行者　浅野 祐一
発　行　株式会社日経ＢＰ
発　売　株式会社日経ＢＰマーケティング
〒105-8308 東京都港区虎ノ門4-3-12
ブックデザイン　小口翔平＋神田つぐみ（tobufune）
制　作　マップス
編　集　浅川 直輝
印刷・製本　TOPPANクロレ株式会社

Printed in Japan
ISBN978-4-296-20714-5

この研究会は故上田惇生先生の後押しで設立されました。ミッション・ステートメントは、「自らの言動を変え、組織を変え、よりよい社会を創る」です。そのために「ドラッカーの言葉を学び、ドラッカーの言葉で考え、ドラッカーの言葉で答える。そして自分の言葉を添える」という学びの信条を大事にしています。事業の定義は、「マネジメントの小さな学校」です。オンラインの時代ですから世界を視野に入れて、有志の全員がボランティアで国際ＮＧＯの自覚をもって活動しています。皆さまありがとうございます。

最も大きな感謝を、ピーター・Ｆ・ドラッカー先生にささげます。

最後になりましたが、本書の企画からこのような素晴らしい書籍に仕上げていただいた、日経ＢＰの浅川直輝氏にはずいぶん助けられました。心より感謝申し上げます。

自由で機能する社会のために。

２０２４年12月23日

森岡 謙仁